Una Guía para Meditar

Manual Práctico
de Budismo tibetano

Isidro Gordi

Ediciones Amara

Ediciones Amara. Ciutadella de Menorca

Publicado por vez primera en 2004
por Ediciones Amara

2004 © Por Isidro Gordi y Marta Moll.
2004 © Por Ediciones Amara

Diseño de la portada: ©Federica Mahieu

ISBN de la obra: 978-84-95094-10-0
Depósito Legal: B. 6.303-2004
Romargraf, S.A
L'Hospitalet de Llobregat

Agradecimientos

Le agradezco de todo corazón a Maria Rodriguez su ayuda en la preparación final del texto. También, como siempre a Federica Mahieu, fiel diseñadora de todas nuestras portadas.

Es un placer personal para mí y para esta editorial gozar de la amistad de Marcos Fernández Fermoselle, empresario que lleva a cabo la actividad del Bodhisatva: ofrecer su ayuda sin esperar nada a cambio.

Isidro Gordi
5 de Enero de 2004
Son Gall. Ciutadella de Menorca

Contenido

Introducción   7
Los Tres Niveles de Motivación   13
Puntos conflictivos del Lam Rim   21
Origen del Lam Rim   28
Escuchar.   31
Prepararse para Meditar   34
Empezar la Meditación   39
La meditación   41

PRÁCTICAS DE LA PERSONA DE CAPACIDAD INICIAL   45

El Perfecto renacimiento humano   47
La muerte   53
Meditar en los reinos inferiores   61
Tomar Refugio   64
La ley de causa y efecto   68

PRÁCTICA DE LA PERSONA DE CAPACIDAD MEDIA   73

La Renuncia   75

PRÁCTICA DE LA PERSONA DE CAPACIDAD SUPERIOR 85

El Mahayana 87
Igualarse con los demás 89
Desventajas del egoísmo 91
Beneficios de estimar. Cambiarse por los demás 93
Tomar y Dar 96
La Bodhichita 99
La Vacuidad 102
Devoción al Maestro 112
Un Collar para los Afortunados 119

Libros publicados 127

INTRODUCCIÓN

En los últimos veinte años, el Dharma budista que proviene del Tíbet se ha ido arraigando en España y, a lo largo de este tiempo, muchos somos los que hemos despertado el deseo de conocerlo en profundidad. Términos como karma, samsara o bodhichita empiezan a sernos muy familiares y también sabemos lo esencial sobre las cuatro nobles verdades, los doce vínculos, la reencarnación y tantos otros temas. Movidos por un sano interés, hemos recibido Bendiciones, (tib: *jenang*) de Deidades como Tara, Chenrezig, Manyushri, Vajrapani y otras, y también las Iniciaciones (tib: *wong*) de Tantras como Yamantaka, Heruka, Kalachakra, Vajra Yoguini o Chitamani Tara. Pero lo que nos gustaría de verdad a la mayoría de nosotros es poder llevar a cabo una práctica cotidiana que lo pudiera englobar todo y transformara nuestra vida.

No se puede dudar acerca de los beneficios de poner en práctica estas enseñanzas generales y sadhanas tántricas, pero sí afirmar que éstos serían mucho mayores si contáramos con un profundo conocimiento del texto denominado *Lam Rim* (Etapas del Camino a la Iluminación), la puerta que nos introduce al significado global del Dharma. Su estudio proporciona sentido a la práctica budista y nos ayuda a saber cómo y cuándo utilizar cada enseñanza. Desarrollar esta capacidad es vital porque recibir enseñanzas —y sobre todo Iniciaciones— sin saber dónde situarlas en el mapa que nos dirige a la Iluminación puede llegar a confundirnos. El estudio del *Lam Rim*, pues, es conveniente tanto para los que están implicados en la práctica budista como para los que desean conocerla. Sin embargo, una dificultad común a la mayoría de practicantes laicos es el poco tiempo de que disponemos para dedicarnos a la práctica. Además, en muchos países occidentales aún no se ha creado la estructura adecuada para que los Maestros budistas puedan dar comentarios extensos de las escrituras y así hacer posible que los estudiantes sigan, clase a clase, disertaciones completas de los textos clásicos. Quizá por esta falta de estructura y de tiempo, muchos son los practicantes sinceros que se sienten frustrados viendo que pasan los años y en vez de entender más el Dharma, ocurre lo contrario.

La esencia del Dharma proviene de oriente, pero es igualmente válida para occidente. Sin embargo, es preciso buscar formas de presentación que, sin apartarse del sentido original que enseñó el Buda, se adapten a las necesidades del hombre de hoy. Dicha búsqueda queda constatada en los trabajos de sinceros practicantes occidentales entre los que me gustaría destacar, *El Jardín, una Parábola* y el *Sutra del Tallador del Diamante, El Buda y sus Estrategias para dirigir tus negocios y tu vida*, del Ven. Gueshe Michael Roach; *Solo con los Demás* y *Budismo sin Creencias* de Stephen Batchelor; *Relacionarse con un Maestro espiritual* de Alexander Berzin, y tantos otros. Probablemente estos libros se toparán con resistencias y alguna que otra crítica, pero con el tiempo éstas pasarán y lo que perdurará para beneficio de las generaciones venideras será el mensaje puro de estos trabajos y sus autores.

El material que se expone en esta *Guía para Meditar* no pretende innovar ya que está basado en las líneas de reflexión tradicionales del *Lam Rim*. Para garantizar su autenticidad me he apoyado en las muchas instrucciones orales que he recibido de mis propios Maestros, basadas a su vez en los textos antiguos de la tradición. He recurrido también a textos originales como *La Liberación en la Palma de tu Mano, Adiestramiento de la mente en Siete Puntos, Fundamento de Toda Excelencia, Los Tres Aspectos del camino* y otros.

Con este trabajo no pretendo aportar nada nuevo al estudio del Budismo: mi único deseo es el de proporcionar ayuda a aquellas personas que han tenido contacto con el Dharma pero no saben muy bien cómo empezar a meditar o de qué manera ordenar sus prácticas.

*   *   *

El *Lam Rim* presenta un conjunto de instrucciones agrupadas en lo que se conoce como los "tres niveles de motivación". La razón de meditar en tales instrucciones es transformar nuestra mente —desde la condición ordinaria presente hasta el estado de la Budeidad—. Es definitivo que esta transformación se produce porque van a cambiar nuestra motivación y nuestros puntos de vista acerca de la vida, la muerte, lo que hacemos en este mundo, adónde vamos, por qué hemos venido y tantos otros dilemas.

Nos iniciamos en el Budismo porque deseamos solucionar problemas como la insatisfacción, los estados depresivos o la ansiedad, pero desgraciadamente este estado de cosas no cambia por arte de magia. Este hecho no es, necesariamente, negativo ya que así empezamos a reconocer nuestra verdadera situación: que la angustia, la incertidumbre, los problemas e inconvenientes no desaparecerán de inmediato. Vamos a tener que convivir con ellos largo tiempo por la sencilla razón de que sus causas yacen en la profundidad de nuestro ser, y quitarlas de ahí no es cosa fácil.

Un buen principio es entender que la mente no es lo que nos han enseñado que era: hemos crecido con teorías dudosas al respecto, que de vez en cuando han sido revisadas y sustituidas por otras quizá más atractivas pero no por ello más fiables. La experiencia meditativa de los grandes seres avala la teoría de que la mente es un fluido inmaterial, transitorio y repleto de "semillas" creadas por los actos impulsados por las así llamadas "emociones engañosas", concepto que se irá desarrollando a lo largo del texto.

Nuestros actos del pasado determinan nuestras experiencias, percepciones y concepciones presentes que, a su vez, afectarán a nuestro futuro. Poco se puede hacer para cambiar el pasado, pero está en nuestra mano diseñar un futuro favorable.

En las primeras etapas de desarrollo espiritual es importante detectar la naturaleza de las intenciones detrás de nuestros actos. Así en el primer nivel de motivación se enfatiza *practicar la ética de abandonar los diez actos negativos*: matar, robar, tener mala conducta sexual, mentir, separar a los que están unidos, utilizar un lenguaje abusivo, charla en vano, ser codiciosos, tener pensamientos malignos y tener pensamientos erróneos.

Vivir evitando estos diez actos negativos nos prepara para abordar el segundo nivel de motivación: *despertar el deseo de abandonar las emociones aflictivas y los actos que éstas nos impulsan a cometer; desear obtener la Liberación del samsara*. (Este deseo es conocido tradicionalmente como "renuncia"). En este nivel de práctica descubrimos que mientras sigamos controlados por las emociones engañosas, nuestra vida nunca será satisfactoria; es decir, permaneceremos en samsara. La definición más simple del término "samsara" sería: continuo incesante de vidas insatisfactorias. En este nivel, pues, el objetivo es despertar el deseo de abandonar el samsara. Asimismo practicamos la ética para que crezca el árbol de la concentración lo cual nos otorgará los frutos de la sabiduría. Esta última, la sabiduría, destruye directamente el motor que hace funcionar nuestro samsara particular: la ignorancia de aferrarse a una entidad auto existente. Dicha ignorancia es responsable, vida tras vida, del resto de aflicciones mentales.

El objetivo principal de los dos primeros niveles de motivación es dejar de cometer *actos* que estén impulsados por las *emociones engañosas*.

El objetivo del tercer nivel de motivación, el sendero Mahayana, es ayudarnos a comprender la necesidad de deshacernos del corsé del egoísmo, abrir nuestro corazón a los demás y despertar amor y compasión. No obstante, sin tener una experiencia estable de los dos primeros niveles de motivación es imposible sentir amor y compasión verdaderos hacia los demás. Los "buenos sentimientos" que sentimos hacia otras personas serán reminiscencias de los actos bondadosos creados en el pasado, pero nunca los sentimientos amorosos y compasivos estables que son producto de un proceso meditativo.

Es muy necesario ser conscientes del dominio abrumador del egoísmo y descubrir que, aunque difícil de erradicar, no es más que una emoción aflictiva añadida a la ignorancia. Como se ha mencionado, la base de toda emoción aflictiva es la ignorancia de aferrarse a una entidad irreal: un yo auto existente. El egoísmo es la fuerza que se enfoca en este yo falso y lo eleva a cotas inimaginables de grandeza.

La estrategia de la enseñanza budista es gradual. La Iluminación es un estado repentino de despertar, pero no ocurre espontáneamente, es provocado por innumerables despertares menores. En el primer nivel de motivación intentamos reducir y eliminar los actos negativos, en el segundo atacamos las emociones engañosas, en particular la visión distorsionada de nuestro yo, y en el tercer nivel, nos esforzamos para trascender el egoísmo y transformarlo en amor hacia todas las criaturas.

El objetivo de la práctica espiritual es transformar nuestra motivación egocéntrica en altruista. Existe una cierta tendencia a pensar que no es necesario preocuparse por las prácticas iniciales y medias: "el Mahayana es lo que me interesa". Sin embargo, cualquier práctica superior depende de las "inferiores". Cuánto más se medita en las instrucciones iniciales más estables serán las experiencias de los niveles siguientes. Menospreciar los dos primeros niveles de motivación sería un grave error.

Gueshe Chengawa, en *Los Tres Aspectos del Sendero a la Iluminación* de Lama Tsong Khapa según comentario de Pabongka Rimpoché dice: "conocer el orden a seguir para llegar a la Iluminación es más útil que tener poderes milagrosos o clarividencia". Los tres niveles de motivación son estadios graduales de desarrollo por los que el practicante irá evolucionando.

Dada su importancia, en el siguiente capítulo abordaré "los tres niveles de motivación" con mayor detalle.

LOS TRES NIVELES DE MOTIVACIÓN

Es conveniente practicar el Dharma para dar un sentido a nuestra existencia. Y si nos preguntamos cómo lograrlo, la respuesta es fácil: ejercitándonos en las prácticas de los tres niveles de motivación. Esta afirmación no es dogmática en modo alguno, y la propia práctica así nos lo confirmará. Todos deseamos estar bien, no tener que sufrir. Según el *Lam Rim*, para ello es necesario:

> *Comprender* que nuestra existencia va más allá de esta vida presente y, por consiguiente:
> *Despertar* interés por las vidas futuras.

Tener claros estos dos puntos marca el principio de una perspectiva espiritual y, paradójicamente, nos permite vivir mejor el presente. En nuestra cultura no solemos considerar la reencarnación ni nos planteamos la necesidad de pensar en las vidas futuras. De hecho nos parece bastante absurdo. Pero sin tener en cuenta la reencarnación nunca llegaremos a saborear la profunda esencia del *Lam Rim* ya que muchos de sus temas básicos están fundamentados en este principio. Para entender el karma, la ley de los actos y sus consecuencias, es necesario tener una perspectiva de tiempo que vaya más allá de una sola vida. Dicha ley nos enseña que en el presente experimentamos el resultado de nuestros actos pasados, y con los actos del presente creamos nuestras experiencias futuras. Aceptar la reencarnación, considerar la posibilidad de que una parte de la mente prosigue después de la muerte del cuerpo, es vital para profundizar en el sendero budista. En caso contrario, ¿cómo voy a desear liberarme del samsara si no acepto que, vida tras vida, voy de un reino de existencia a otro? ¿Cómo entenderé los distintos reinos de existencia si no creo en la posibilidad de reencarnarme? Si no entiendo los distintos reinos de existencia, ¿cómo apreciaré la oportunidad que me brinda mi perfecta condición humana?

El primer paso para empezar a aceptar la reencarnación es tener muy claro que la mente no es un fenómeno material sino un fluido interminable de momentos de percepción, cuyo instante anterior es la causa sustancial del instante inmediatamente posterior. Y todo esto en un proceso que viene de un pasado sin principio y continúa hacia un futuro que no tiene fin.

Reconocer que la mente es un fluido que trasciende esta vida, nos puede ayudar a despertar el deseo de evitar el dolor y el malestar que puede acechar en nuestras vidas futuras, y a dedicarnos a practicar todo lo que sea necesario para conseguirlo. El *Lam Rim* es la instrucción más fiable para conseguir estos objetivos.

El *Lam Rim* presenta una manera fácil de resumir toda la enseñanza del Buda, presentándolas según los "tres niveles de motivación". Las meditaciones pertenecientes a cada uno de estos tres niveles contrarrestan nuestras múltiples ideas erróneas acerca de la existencia en general y el Dharma budista en particular. Algunas de estas ideas erróneas son:

- Mi vida no tiene sentido.
- Todo termina con la muerte.
- Después de la muerte… ¡quién sabe!
- Lo que hago, digo o pienso ahora no tiene nada que ver con mi futuro.
- La felicidad consiste en tener todo lo que deseo, aquí y ahora.
- Los defectos son algo inherente al ser humano. Debo aceptarlos, ¡son inamovibles!

- Necesito ser egoísta para sobrevivir en este mundo.
- No me creo lo del Nirvana donde la paz y la felicidad son eternas.

Según el Budismo, ideas así polucionan nuestra mente, la paralizan y son la causa principal de toda nuestra insatisfacción. Practicar el *Lam Rim* es el método mejor para poner luz y color en nuestra mente ofuscada, para revisar puntos de vista que carecen de base y sustituirlos por ideas nuevas, sólidas, correctas que traerán paz y felicidad a nuestra vida. En definitiva, el estudio del *Lam Rim* nos transformará por completo.

El objetivo de las meditaciones que se encontrarán en este libro es despertar los tres niveles de motivación correlativamente. En pocas palabras, el primer nivel de motivación podría resumirse así:

> Desear evitar renacer en reinos inferiores y experimentar bienestar en las vidas futuras.

El segundo nivel es:

> Desear liberarse del samsara en general y obtener el Nirvana.

En el tercero el practicante desea:

> Liberarse de la actitud egoísta y llegar a la Iluminación para beneficio de todos los seres.

Resulta bastante evidente que estos tres deseos o motivaciones no acompañan ahora mismo nuestros actos. ¿Cuál es la motivación que los impregna actualmente? Ser feliz uno mismo, aquí y ahora. Y nos podemos preguntar: "¿No es este anhelo lícito?, ¿qué tiene de malo desear ser feliz?" La respuesta es que ese deseo viene impulsado por el convencimiento erróneo de que las cosas de esta vida pueden proporcionar la felicidad a la que aspiramos, cuando no es así.

Nivel de motivación inicial

Como ya hemos mencionado, podemos decir que se ha alcanzado el nivel de motivación inicial cuando, espontáneamente, uno desea evitar renacer en reinos inferiores y experimentar bienestar en las vidas futuras. Pero para conseguirlo es preciso hacer algo: meditar en la propia muerte, en los sufrimientos de los reinos desafortunados y tratar de generar tres actitudes básicas sumamente virtuosas. Estas son:

- Buscar una protección segura. (Refugio)
- Evitar las causas que producen renacer en los reinos desafortunados. (Karma)
- Un sentimiento de compasión hacia otras formas de existencia. (Amor)

Al meditar en la muerte y en las imprevisibles vidas futuras que nos aguardan crecerá en nosotros un sentimiento de temor que avivará el interés por seguir unas pautas de comportamiento ético. Este tipo de temor, producido por nuestra sabiduría, es un objeto de meditación correcto.

¿Qué puede protegernos de caer en los reinos desafortunados? Tomar refugio en las Tres Joyas –Buda, Dharma y Sangha–. Y vivir según la ley de causa y efecto, evitando los actos negativos, porque producen dolor a corto, medio y largo plazo, y adoptar los positivos, porque producen felicidad.

El temor a la muerte y a caer en los reinos desafortunados es muy positivo siempre y cuando lo utilicemos como motor que nos impulse a *practicar un método que nos libere de dicho temor*. Dicho método es vivir de acuerdo con la ley de causa y efecto.

Un beneficio adicional de comprender que, después de la muerte, tenemos muchas posibilidades de encontrarnos con situaciones desafortunadas es que no caeremos en "los ocho dharmas mundanos", una actitud vital que consiste en perseguir y evitar de manera obsesiva los cuatro pares siguientes:

- La ganancia y la pérdida.
- El placer y el dolor.
- La alabanza y la crítica.
- La fama y la falta de notoriedad.

Generalmente vivimos esclavizados por estas ocho actitudes. Todo lo que hacemos en la vida está promovido por un interés primordial: conseguir ganancia, placer, alabanza y fama, y evitar sus opuestos. Creemos que *ése es el camino a la felicidad*. Los ocho dharmas mundanos no son *inherentemente* malos, no decimos que sea negativo *per. se* ser rico, famoso, gozar de un buen espectáculo o de una buena comida. Lo que es negativo y perjudicial para la mente es no entender *la naturaleza transitoria de estos logros o disfrutes y su falta de capacidad para darnos la felicidad duradera que tanto anhelamos*. El problema radica en que estamos convencidos de que al conseguir unos y evitar otros seremos más felices. Liberarnos de este convencimiento hace de nosotros personas más sabias, y marca el inicio de un verdadero crecimiento interior. Sakya Pandita decía:

> Los seres santos son como gemas preciosas;
> son inmutables
> Pero las personas débiles son como los platos de
> una balanza:
> Cualquier evento puede hacerles subir o bajar.

Meditar en las prácticas del nivel de motivación inicial difumina el yugo que ejercen sobre nosotros estos ocho dharmas mundanos y crece el interés *espontáneo* por evitar sufrir en las vidas futuras. Esta nueva actitud, por extraño que parezca, nos hace vivir más felices el presente.

Si lo que nos mueve a practicar un sendero espiritual es sólo evitar sufrir *ahora*, será debido a que las gafas oscuras de nuestra ignorancia no nos dejan ver que esta vida no es más que un eslabón en un largo, largo recorrido.

En definitiva, contemplar una y otra vez las atemorizantes situaciones que podemos experimentar en otros reinos o planos de existencia y la posibilidad de poder sufrirlas, nos hará generar el impulso necesario para actuar correctamente y minará nuestro hábito de responder negativamente ante las diversas circunstancias desagradables que se nos presentan. Si "representar" en meditación nuestra posible estancia en los reinos inferiores nos sirve para cortar con nuestras tendencias negativas, ya habrá merecido la pena.

De manera resumida: ¿Qué prácticas nos convertirán en personas de capacidad inicial? Meditar en los puntos siguientes:

- El perfecto renacimiento humano.
- La muerte.
- Los sufrimientos de los reinos desafortunados.
- Tomar refugio.
- Poner en práctica la ley de causa y efecto.

Las líneas esenciales para poder meditar en estos cinco puntos se presentan a partir de la página 45 y hasta la 72.

Nivel de motivación medio

Un practicante entra en el segundo nivel de motivación cuando despierta el deseo irreversible de abandonar la existencia cíclica y experimentar el Nirvana. Este sentimiento se suele traducir en español utilizando el poco afortunado término de "renuncia." En tibetano es *nge jung*, que significa "emerger o salir (de un lugar) de un modo definitivo". La renuncia auténtica significa comprender en profundidad el dolor en sus diferentes aspectos y las causas que lo producen. Es darse cuenta de que el samsara sólo nos dará una felicidad incompleta, una felicidad en la que el dolor siempre asoma.

¿Qué hacer para convertirnos en seres de capacidad media?

- Meditar en los seis, ocho o tres sufrimientos.
- Estudiar, contemplar y meditar en las cuatro nobles verdades.
- Identificar las emociones aflictivas y sus desventajas.
- Meditar en los doce vínculos.
- Observar una conducta ética y desarrollar concentración y sabiduría.

Las líneas esenciales para llevar a cabo las meditaciones correspondientes van de la página 73 hasta la 84.

Nivel de motivación superior

En términos generales, podríamos decir que los dos primeros niveles tratan sólo nuestra situación personal: "mis problemas, mis emociones aflictivas, mi felicidad, mi dolor." Las prácticas del tercer nivel tienen como objetivo minar la fuerza del egoísmo y despertar la bodhichita: el deseo altruista de obtener la Iluminación en beneficio de todos los seres. Y de nuevo ¿qué hacer para transformarnos en un ser de capacidad superior?

- Reconocer los beneficios de obtener la bodhichita.
- Meditar en la bodhichita.
- Poner en práctica los textos de *Lo Yong* y la *Guía a la forma de vida de un Bodhisatva*.

Encontramos las líneas esenciales de estas meditaciones a partir de la página 79.

*   *   *

Los tres niveles de motivación son como un proceso de refinamiento de nuestra motivación, pero no son más que un preliminar, ya que lo que nos libera definitivamente del samsara es la experiencia directa de la vacuidad, que suele aparecer en la parte final de cualquier texto de *Lam Rim;* en esta *Guía para Meditar* se encuentra una explicación desde la página 102 hasta la 111.

Entender la vacuidad es comprender que la percepción y concepción que tenemos de nosotros y de lo que nos rodea es incorrecta. Desde siempre asumimos que todo existe de un modo inherente, es decir, independiente de causas, partes y condiciones. Pero la realidad es que esta forma de existencia es imposible. Este error básico, denominado *ignorancia que se aferra a la existencia inherente,* (tib: *dak zhin*) es el sustrato del que se nutren todas las emociones aflictivas. Cuando la sabiduría que experimenta la vacuidad vence esta ignorancia, tales emociones quedan desactivadas y sin poder; la mente se libera entonces de todas las faltas y, siguiendo el sendero mahayana, se logra el estado Iluminado de un Buda.

Puntos conflictivos del Lam Rim

Para poder experimentar la transformación interior que se produce al atravesar las prácticas de los tres niveles de motivación, es necesario afrontar temas que son objeto de dudas para nosotros. En el capítulo anterior ya se hacía una breve referencia a la reencarnación, pero además de ésta existen otros temas controvertidos que abordaré a continuación. El problema con ellos es que, si no los aceptamos, desvestimos al *Lam Rim* de su esencia más vital y aunque extraigamos algún beneficio de su práctica, éste será limitado.

Reencarnación

Como todos sabemos, en occidente no es muy bien aceptada la reencarnación, bien porque nos incomoda una idea que no es popular en nuestra sociedad, o porque creemos, con una mente más analítica, que es una creencia propia de fanáticos religiosos. Sin embargo, propongo que aún en el caso de estar plenamente convencido de su inexistencia, sería un buen ejercicio replantearnos el tema, Después de todo, si la reencarnación es un hecho serás tú quien se reencarne y no otro, tanto si crees en ella como si no.

Antiguamente existían en la India puntos de vista materialistas contrapuestos a la reencarnación, muy parecidos a los que aún sostenemos hoy en día. De manera resumida, son los siguientes:

- No creo en la reencarnación porque nadie la ha atestiguado.
- No creo en la reencarnación porque es imposible que algo de mí vaya de una vida a otra, ya que al morir el cuerpo, muere también la mente.

Podríamos decir que estos dos son los argumentos sostenidos con más fuerza a la hora de negar la reencarnación. Pero se trataba de hacer un ejercicio de razonamiento al respecto. Vayamos con él. A continuación siguen una serie de claves para la reflexión que podemos usar para superar estas resistencias.

1) La mayoría de las teorías que niegan la existencia de la reencarnación se fundamentan en la idea incorrecta de que la mente carece de conexión con el pasado y sólo es producto de la unión del semen y la sangre de nuestros padres.

Es cierto que el semen y la sangre de nuestros padres han dado forma a nuestro cuerpo, y que éste tendrá rasgos parecidos a los de ellos, y también lo es que debido a la convivencia adquiriremos costumbres, gustos y afinidades similares a las de nuestros progenitores. Pero el hecho indiscutible es que cada uno de nosotros llega a este mundo con un sinfín de tendencias emocionales "personales e intransferibles" y no todas han sido creadas en esta vida. Vemos ejemplos de ello cada día. Lo escuchamos incluso en conversaciones cotidianas, "tiene un genio... parece que ha nacido con él".

2) La reencarnación es un objeto de conocimiento sutil, y en consecuencia, no puede ser percibido a través de nuestras consciencias sensoriales.

Esto significa que es imposible verificar la reencarnación por medio de la consciencia visual. Sólo por medio del ejercicio del razonamiento lógico, nuestra consciencia mental podrá *inferir* que la reencarnación es un hecho.

> 3) Según el Budismo, el cuerpo y la mente, aunque están profundamente vinculados, no tienen la misma naturaleza.

El cuerpo posee una forma física, visible, audible y palpable, con olor y características propias de las que, obviamente, carece la mente. Esta, en cambio, nos permite conocer, comprender, deducir, sentir emociones como la felicidad, la tristeza, el ánimo y el desánimo, y generar un sinfín de estados mentales diversos. ¿Tienen todos estos estados mentales la misma naturaleza que nuestro cuerpo?

> 4) Observar los distintos niveles por los que pasa nuestra mente puede ayudarnos también a aceptar la reencarnación.

Toda la actividad mental que se produce durante el día es llevada a cabo por la parte más superficial de la mente, la que comúnmente nos hace pensar: "estoy vivo y si toda mi actividad física y mental se detuviera, estaría muerto". Al dormirnos, como al morir, cesa el inmenso abanico de funciones que están activas durante la vigilia y entramos en un estado mental muy diferente al cotidiano: el sueño profundo en el que no hay actividad aparente. Ese nivel más sutil o profundo es conocido en lenguaje tántrico como Luz Clara del sueño. Desde este estado mental entramos en la actividad onírica. Para la mayoría de nosotros, el estado del sueño profundo y la actividad onírica abarcan un lapso de unas siete u ocho horas diarias en las que nos olvidamos de quiénes somos, quién es nuestra familia, en qué trabajamos o cuales son nuestras preocupaciones habituales. Cada noche pasamos por estos distintos niveles. Pero, cuando se habla de reencarnación hay que tener en cuenta que el único nivel de mente que se reencarna es el más profundo, el de la Luz Clara. Los demás estadios o niveles de la mente son temporales y por ello, vida tras vida, desaparecen y con ellos el recuerdo de quienes somos o éramos.

> 5) Otra manera de debilitar nuestras reticencias es preguntarnos abiertamente ¿Por qué no creo en la reencarnación? ¿Cuál creo que será mi destino después de la muerte? ¿Es lo que creo una creencia lógica? ¿Por qué creo en ella?

Recapacitar en todas estas cuestiones quizá no sirva para convencernos de la existencia de la reencarnación, pero al menos dejará claro que las ideas testarudas a las que nos aferramos para negar la reencarnación no son tan sólidas ni tan razonables como creemos. Dudar de nuestras ideas equivocadas ya es un buen principio para derruir la barrera de la incredulidad.

> 6) Por último, estudiar aspectos de la enseñanza de Buda como los orígenes del dolor, la vacuidad y otros temas que coinciden con nuestra mentalidad lógica, ayuda a despertar la convicción de que la palabra del Buda no sólo es válida sino incontrovertible y, en consecuencia, ya que Él aseveró en muchos sutras que la reencarnación es un hecho, no tendremos duda de ella. Aunque, de todos modos, siempre es mejor que el convencimiento surja del propio análisis y no de la fe.

Resumiendo, si la reencarnación es objeto de dudas es porque 1) no sabemos señalar con precisión *lo que se reencarna* y 2) porque nos identificamos únicamente con el nivel de mente más obvio y superficial que, *precisamente,* desaparecerá para siempre cuando muramos.

La ley de causa y efecto o karma y la existencia de los reinos inferiores

Una vez reconocida la reencarnación, ésta nos planteará el siguiente dilema: ¿Quién o qué es responsable de mi existencia presente y futura? Todo lo que experimentamos en nuestras vidas, desde el lugar donde nacemos hasta el menor detalle que experimentamos, lo determina nuestro karma o acciones llevadas a cabo en vidas pasadas, Según la calidad de sus actos, un individuo renace en un plano de existencia inferior o superior.

Los humanos somos una manifestación de existencia superior y los animales, los *pretas* y los seres infernales son manifestaciones de existencias inferiores. Podemos percibir la existencia animal con nuestros propios ojos, pero los otros dos planos de existencia mencionados sólo pueden ser vistos por alguien que posea un grado de concentración meditativo muy elevado. Por tanto, como no es nuestro caso, son también objeto de duda.

Muchos nos rebelamos al oír descripciones de estados de existencia que se oponen claramente a nuestra razón y nos cubrimos las espaldas, tomándolos a broma o considerándolos fantasías que fueron creadas para asustar a seres primitivos. Sin embargo, la pregunta que nos hemos de formular es "¿Existe en mi la posibilidad de experimentar una situación peor a la que vivo en el presente?"

Las tremendas descripciones de los infiernos y otros reinos inferiores que contienen las escrituras budistas son, en realidad, descripciones literales. Es cierto que, con buen criterio, algunos Lamas afincados en occidente han intentado dulcificar esta presentación y adecuarla a nuestra mentalidad diciéndonos que son "estados mentales", pero si les preguntásemos a los estudiosos tibetanos: ¿han de ser interpretados o deben tomarse literalmente? La inmensa mayoría contestaría lo segundo.

Algunos textos dan a entender que estos reinos existen en un lugar concreto del universo, mientras que otros, es cierto, parecen insinuar que son tan sólo un estado mental, fruto del karma negativo creado. No obstante, en ambos casos, lo que es importante tener en cuenta es que vivir o no estas terribles situaciones depende *exclusivamente de uno mismo;* nada ni nadie nos castiga o nos premia, sólo nosotros con nuestras acciones somos responsables del resultado que éstas vayan a producir. A este respecto Shantideva nos dice en el quinto capítulo de *la Guía a la Forma de Vida del Bodhisatva*:

> El Maestro Perfecto ha mostrado que todo
> temor y desgracia tiene su origen en la mente.

El samsara

No deberíamos caer en el error de creer que samsara es un lugar específico o una situación concreta. Si fuera así podríamos interpretar que cambiando de costumbres o de trabajo, nos alejaríamos del samsara y seríamos más felices. *Samsara es la manera errónea en que funciona nuestra mente, así como la percepción y concepción errónea que, por culpa del karma, nos vemos forzados a tener de nosotros mismos y del mundo que nos rodea.*

Seguir manteniendo visiones falsas como verdaderas y generar emociones aflictivas constantemente nos mantendrá alejados de la felicidad que se irá escapando de nuestras manos, sin importar dónde estemos ni quienes seamos.

Sin embargo, nos dedicamos a auto convencemos hábilmente de que nuestra existencia actual es satisfactoria, en vez de intentar comprender su verdadera naturaleza. Nos resulta más cómodo pensar que es posible llegar a ser felices en samsara. Nos conformamos con lo que tenemos aunque no sea satisfactorio; pero engañándonos de este modo jamás llegaremos a experimentar la verdadera felicidad.

La palabra tibetana que se traduce como samsara es *khorwa,* cuya definición clásica es: "tomar una y otra vez los agregados de los que estamos constituidos (nuestro cuerpo y mente) obligados por la fuerza del karma y las emociones aflictivas engañosas". La liberación es lo contrario: dejar de tomar cuerpos una y otra vez, dejar de estar obligados por el karma y las emociones aflictivas.

Para inspirarnos a practicar las meditaciones del Lam Rim y ver su autenticidad hemos de conocer sus orígenes, tema del siguiente capítulo.

ORIGEN DEL LAM RIM

Igual que todos los ríos tienen su origen en las montañas nevadas, el origen de todas las enseñanzas budistas se halla en Sakyamuni Buda que nació hace unos 2.500 años en la India. Tras su Iluminación enseñó a sus discípulos más próximos, quienes fueron transmitiendo la doctrina ininterrumpidamente hasta llegar intacta a nuestros días. Por esta razón, nombres de discípulos directos del Buda como Maitreya y Manyushri, y personajes de los primeros siglos de nuestra era, como Nagaryuna, Asanga y otros, son tan importantes para los budistas. La enseñanza inicial fue, posteriormente, recopilada por el gran erudito indio, Atisha (982-1054), el primer Maestro que unificó los dos aspectos que constituyen la esencia del Budismo: método y sabiduría. Por este motivo es considerado el precursor de la tradición de las Etapas del Camino o *Lam Rim*. Las enseñanzas del "método" se refieren a todas las enseñanzas de Dharma excepto las que explican la vacuidad. La "sabiduría" integra las profundas enseñanzas de la vacuidad o naturaleza última de la realidad. La mayoría de los textos de *Lam Rim* empiezan relatando la vida y las buenas cualidades de Atisha para mostrarnos:

- Su propio esfuerzo y el de los Maestros que le sucedieron para transmitir el linaje.
- Su gran amabilidad.
- La importancia de recibir enseñanzas de Maestros cualificados.

Es gracias al esfuerzo de estos grandes seres que todavía ahora, recién estrenado el tercer milenio, podemos practicar o, como mínimo, conocer la existencia del *Lam Rim*. Hoy en día, muchos practicantes nos contentamos con leer transcripciones, olvidando que la "transmisión oral de la enseñanza" lleva incorporadas las bendiciones del linaje; de ahí su poder. Recibir enseñanzas de Maestros cualificados, es decir, de alguien que las haya recibido de su propio Maestro es fundamental para tener experiencias meditativas.

Es vital apreciar que el Dharma budista se ha transmitido sin mácula desde Sakyamuni Buda. Muchas familias sienten una gran estima hacia objetos antiguos como joyas o pinturas que han pertenecido a sus antepasados. Cuánto mayor aprecio deberíamos sentir hacia la joya del Dharma que tiene la capacidad de liberarnos del sufrimiento y que nos es entregada intacta después de más de dos mil años.

En ocasiones escuchamos las enseñanzas con ansiedad, deseando oír la fórmula que acabará con nuestros problemas. Si tenemos esta actitud, quizá el relato de la vida de otras personas, aunque sean seres santos, nos parecerá una pérdida de tiempo. Sin embargo, la biografía de Atisha, el autor, es ya de por sí "la enseñanza primordial" que tanto ansiamos. Contiene todo lo que nos hace falta saber. Sólo debemos reparar en ello.

Al poner en práctica las meditaciones que aparecen a partir de la página 45, daremos lugar a experiencias en nuestro interior que nos proporcionarán paz y bienestar. Sería propio de desagradecidos no sentir un gran respeto por nuestros Maestros, gracias a los cuales podemos gozar de estas experiencias. El aspecto devocional de la práctica da lugar a grandes resistencias en muchos de nosotros, pero es un elemento imprescindible para que las meditaciones no sean tan sólo "semillas secas". El reconocimiento, el respeto y la fe hacia todos estos seres santos humedece el campo de nuestra consciencia para que las semillas que sembramos en cada meditación den su fruto: la transformación interior. Nos daremos cuenta también de que todas las enseñanzas del Buda pueden ser practicadas; unas formarán parte de los preliminares, mientras que otras se convertirán en la práctica esencial. Si vemos contradicciones entre los distintos niveles de práctica budista –Hinayana, Mahayana y Tantrayana– será señal de que nuestro conocimiento del Budismo es todavía pobre y de que debemos esforzarnos por ampliarlo. No en balde Dromtompa hablaba así de Atisha:

> Mi Guru es aquel que sabe cómo mover
> las cuatro esquinas de las enseñanzas a la vez.

Las "cuatro esquinas" da a entender que las prácticas iniciales –la primera esquina– del *Lam Rim* sirven para mejorar las medias y superiores, incluyendo la práctica tántrica –las tres esquinas restantes–.

ESCUCHAR

Escuchar el Dharma no consiste, únicamente, en asistir a conferencias o sesiones formales sino que abarca diversas actividades: tomar notas con atención, leer textos, memorizar sus puntos más importantes y analizarlos. Se escucha con el objetivo de eliminar capas de ignorancia de nuestro interior. Cuantas más enseñanzas se escuchan menos ignorancia con lo que, de manera gradual, tenderemos hacia las actitudes positivas que nos acercarán a la Iluminación. Es así porque cuanto mayor sea nuestro conocimiento más temas somos capaces de integrar en nuestra contemplación, y más fácilmente obtendremos experiencias meditativas.

Escuchar el Dharma hace que nuestra visión de la realidad se vuelva más clara y se transforme. La sabiduría que surge de escuchar nos capacita para discernir entre la realidad convencional o engañosa y la última. Se dice de esta actividad que es la mejor medicina para curar la enfermedad de las emociones aflictivas. En una ocasión, el célebre Panchen Lama Choky Gyaltsen tuvo un sueño en que se le apareció el Dalai Lama para aconsejarle:

> Para tu propio beneficio y el de los demás,
> nunca te des por satisfecho con lo que ya sabes.

A lo largo de la historia los más grandes Maestros han hablado de las desventajas de entrar en un retiro de meditación sin un profundo estudio del Dharma. Pabongka Rimpoché era así de contundente al respecto:

> Hacemos muchos retiros pero nunca desgastamos
> nuestras emociones aflictivas;
> lo único que desgastamos al contar los mantras
> son nuestras uñas y el rosario.

Los textos de *Lam Rim* están repletos de "encabezamientos", que también son de vital importancia. No deberíamos pasarlos por alto aunque no les veamos mucho sentido al principio porque, de hecho, son el índice que proporciona orden y guía, tanto a nuestros estudios como a la práctica posterior. En nuestro caso, las líneas directrices, al menos, deberían llegar a resultarnos familiares de modo que podamos saber dónde encajan y cuál es su sentido aproximado. Triyang Rimpoché, tutor ya fallecido del actual Dalai Lama, señaló:

> No consideres el Dharma como un objeto ritual
> que no puede sacarse de la sala de meditación.
> Si escuchas bien y retienes en tu interior lo escuchado,
> puedes llevarte el Dharma adonde vayas.

El Dharma no es algo en lo que creer sino algo que se debe poner en práctica. No hemos de caer en el error de coleccionar enseñanzas para aumentar nuestro conocimiento intelectual. No escuchamos o leemos enseñanzas budistas para convertirnos en intelectuales del Dharma, sino para convertirlas en un espejo que refleje los aspectos negativos de nuestra mente para poder limpiarlos por medio de la práctica. En definitiva, para desarrollar la mente es imprescindible estudiar el Dharma hasta llegar a la Iluminación. Dromtompa, discípulo principal de Atisha, expresaba el significado del estudio de esta manera:

> Cuando estudio, contemplo y medito;
> cuando contemplo, estudio y medito y cuando medito,
> estudio y contemplo.

La mayor virtud de un buen estudiante de Dharma es escuchar, contemplar y meditar en la enseñanza, y después ponerla en práctica. Según Lama Tsong Khapa:

> Desear meditar sin escuchar ni contemplar es como pretender escalar una montaña sin brazos.

PREPARARSE PARA MEDITAR

En la tradición tibetana se le concede máxima importancia a las distintas etapas de que se constituye una
meditación:

- Motivación.
- Preliminares.
- Dedicación de los méritos.

El practicante lleva a cabo estos tres puntos recitando el
manual de meditación denominado *Un Collar para los Afortunados,* que aparece en su versión más breve al final del
libro.

Motivación

Meditar significa sembrar la mente de impresiones positivas y para darle un sentido verdadero es preciso ser muy
consciente de la motivación. La regla general es que una
motivación negativa dejará una impresión de esta naturaleza en nuestra mente; una motivación positiva será un
acto constructivo. Recuerda, pues, que antes de empezar
la meditación es preciso despertar un sincero sentimiento
de renuncia y bodhichita pensando: "Voy a meditar para
transformar mis visiones erróneas, voy a cultivar los aspectos más positivos que hay en mí hasta conseguir la perfección y ser capaz de ayudar a los demás".

Preliminares

Todos tenemos el potencial para obtener experiencias de nuestra meditación. Dicho potencial es como una semilla en el campo de nuestra mente. Para que la semilla de la meditación crezca y dé frutos, uno se implica en las seis prácticas preliminares. La importancia de practicar los preliminares de manera estructurada la vemos al valorar los efectos que produce:

- Purifica la mente, que es como arrancar las malas hierbas que impiden que broten las semillas sembradas.
- Confiere poder a la mente para que pueda sostener las experiencias del Dharma, que es como fertilizar el campo.
- Activa y sostiene tales experiencias al recibir bendiciones de los Seres Santos, parecido a los rayos de sol y a la lluvia que caen sobre el campo y hacen madurar las semillas.

Este triple proceso es indispensable para que la meditación sea fructífera. Grandes Maestros han enfatizado su valor. Según las sabias palabras de Pabongka Rimpoché:

> Para los principiantes, acumular mérito y purificar
> es más importante que meditar.

Para muchos de nosotros es fácil caer en el error de pensar que estas prácticas son innecesarias, que podríamos prescindir de ellas, que lo más importante es sentarse con los ojos cerrados y esperar a que aparezcan las experiencias de bienestar, sosiego y sabiduría. Sin embargo hay que tener muy claro que el desarrollo correcto del poder de la mente es algo muy difícil; igual o más que tener éxito en el campo de los negocios, la política o el deporte. Y como ocurre con todas estas actividades, necesitamos tiempo, esfuerzo y buena preparación. Los preliminares son seis:

1. Limpiar la sala de meditación, poner sobre el altar 6imágenes de los Gurus y del Buda, una representación de las escrituras y una stupa.
2. Hacer ofrecimientos, colocándolos de la manera más bella y sin ningún tipo de avaricia o pensamiento negativo.
3. Después de sentarse cómodamente en la posición de Vairochana, caracterizada por los siete puntos, recitar las oraciones del refugio, bodhichita y los cuatro inconmensurables.
4. Visualizar el Campo de Mérito.
5. Ofrecer la oración de las siete ramas y el mandala para acumular mérito y sabiduría.
6. Oraciones de súplica para recibir bendiciones.

Un preparativo adicional consiste en tratar de desenmascarar el estado de nuestra mente. Ahora está llena de pensamientos descontrolados e insatisfacción; la naturaleza de algunos de estos pensamientos es la tristeza, la frustración o los recuerdos dolorosos; la naturaleza de otros es la excitación, las expectativas, la ansiedad... En definitiva, arrastramos un sin fin de incómodas emociones que, en el lenguaje budista tradicional, son denominadas "obstáculos". Podemos discrepar y decir: "Esto es una exageración; a menudo me siento bien, soy optimista, generoso, trabajador y buen amigo de mis amigos". Obviamente, puede ser cierto, pero una honesta ojeada a nuestro interior nos deja bien claro que pasamos por más momentos de agitación que de paz. Además estos momentos de bienestar que sentimos duran poco: el motivo es que poseemos poco "mérito" o energía positiva.

La función de las seis prácticas preliminares es, precisamente, aumentar nuestro capital de mérito para transformar la condición del campo-consciencia y dejarlo listo para que las semillas sembradas por todas nuestras meditaciones reciban la humedad necesaria y, con el tiempo, den el fruto anhelado: la Iluminación.

Imagina que intentas meditar a partir de un estado mental que es un mar de preocupaciones. ¿Qué tipo de meditación vas a tener? Quizá lo único que consigas sea asustarte al descubrir, precisamente, ese nerviosismo y malestar dominantes. El objetivo de la meditación es transformar la mente y esto sólo puede lograrse una vez centrada y en calma. Je Tsong Khapa nos da el siguiente consejo:

Si cuando escuchas Dharma eres incapaz de retenerlo,
si cuando lo contemplas no puedes entender su
significado y cuando lo intentas meditar no impregna tu
mente, la instrucción fundamental en estos momentos es
apoyarte en el Campo de Mérito.

Solemos asistir a muchas sesiones de enseñanzas, pero si al salir de una de ellas alguien nos hace repetir lo escuchado, quizá descubramos que nuestra mente sólo ha estado breves momentos en el tema, dejando escapar así el néctar del Dharma. ¿Qué podremos contemplar entonces? Tal vez hemos escuchado atentamente, pero al reflexionar en la enseñanza para extraer su significado, éste no aparece por mucho que lo intentemos; será una prueba más de que nos falta poder meritorio. En tal caso, no hallaremos el objeto virtuoso sobre el que concentrar la mente y la enseñanza no cuajará en nuestro interior. Pero, en vez de desesperarnos cuando parece que nada provechoso surge de la meditación, enfaticemos las seis prácticas preliminares *que también son una forma de meditar*. Seguir el consejo de Lama Tsong Khapa hará de nosotros excelentes practicantes.

Existe un abismo entre nuestro estado actual y la perfección del Dharma. Si no logramos cambiar la situación empezaremos a pensar que "el Dharma sólo es útil para los monjes porque pueden practicar en la placidez de sus monasterios" y que, en realidad, "la enseñanza ya no se

adecua a nuestra mentalidad", "quizá deberíamos moder-
nizarla, suprimiendo esto o lo otro para hacerla más próxi-
ma". De hecho, podemos terminar concluyendo: "Hace
muchos años que practico y no he cambiado nada; el Budismo no vale para mí".

Es responsabilidad del estudiante, y no sólo del Maestro, extraer el significado del Dharma. El Budismo se ca-
racteriza precisamente porque da la responsabilidad al individuo; no deberíamos convertir al Maestro en un susti-
tuto de la cómoda idea de un Dios omnipotente e infalible.

Aún es pronto para saber cómo se desarrollará el Budismo en occidente. Y seguro que no va a ser un camino
de rosas. Pasarán muchos años antes de que veamos el
resultado final del trasvase a nuestra forma de vida de un
sistema tan enraizado culturalmente en otras latitudes. Sin
embargo, un hecho permanecerá inalterable: la Iluminación, la perfección total depende del esfuerzo personal.

Dedicación de los méritos

Dedicar los méritos consiste en valorar lo que hemos extraído de la meditación y dedicar la energía positiva resul-
tante para que cause llegar al estado de perfección en beneficio de los demás. Con esta etapa se concluye de forma
correcta la práctica de la meditación.

Empezar la Meditación

Vivimos en una época en la que todo sucede demasiado deprisa y tendemos a ser superficiales, pues profundizar en las cosas lleva tiempo. De este modo, corremos el riesgo de sacar la meditación de su contexto espiritual y usarla indebidamente, como una mera distracción. Como ya se ha explicado, para que la meditación produzca resultados es necesario limpiar la energía negativa de nuestro interior, sustituyéndola por energía positiva o mérito, y pedir inspiración a los seres especiales. Con este fin se suele recitar uno de los manuales clásicos del Budismo del Tíbet; se trata de *Un Collar para los Afortunados,* manual que contiene la esencia de las seis prácticas preliminares mencionadas en el capítulo anterior. He extraído una versión corta del mismo —quizá traducida por vez primera en español— para beneficio de todo aquel que lea esta *Guía para Meditar,* y el lector la encontrará al final del libro. He tenido, asimismo, la buena fortuna de recibir de mi Maestros, la transmisión oral así como extensos comentarios al respecto.

Antes de empezar las oraciones del *Collar* es preciso sentarse en una posición cómoda —sentado en el suelo con las piernas cruzadas o, incluso en una silla cómoda— mantener la espalda recta y calmar la mente utilizando la técnica denominada "respiración en nueve rondas". Colocamos el índice de nuestra mano derecha en el orificio nasal izquierdo, bloqueándolo, inhalamos a través del orificio nasal derecho sintiendo entrar el aire en nuestro interior, después exhalamos el aire por este mismo orificio y repetimos el proceso dos veces más; así completamos tres rondas. Seguidamente, llevamos el índice al orificio nasal derecho y, bloqueándolo, inhalamos y exhalamos con atención tres veces a través del orificio nasal izquierdo. Ya llevamos seis rondas. Finalmente, con las manos en la postura de meditación, recogidas a la altura del ombligo, la derecha sobre la izquierda, inhalamos y exhalamos tres veces más por ambos orificios, lenta y suavemente. Así terminaría una serie de nueve rondas.

Este ejercicio puede repetirse hasta entrar en un estado especial de calma, desde donde empezamos, con una mera recitación pausada, las oraciones de *Un Collar para los Afortunados*.

Este manual ha sido recitado en muchos monasterios del Tíbet durante siglos, siendo pues muy popular. Por estar tan cargado de bendiciones, *su mera lectura* es de por sí muy poderosa y predispone a la meditación. El lector interesado debería además intentar buscar instrucciones orales de un practicante cualificado para enriquecer su práctica. Pero, en un principio, es suficiente con leer de manera pausada todas las secciones, pensando en su significado.

Si sigues todos los pasos, recitando con una actitud sincera, percibirás el poder de estos preliminares que te van a dirigir hacia un estado mental adecuado para contemplar y meditar en las líneas de reflexión del *Lam Rim* que aparecen a partir de la página 45.

Si ahora mismo tienes tiempo, te animo a que empieces la recitación. Detente a analizar cada una de sus secciones y toma contacto con esta práctica, y aunque tal vez al principio no la comprendas, no pongas en duda su poder.

La meditación

Analizamos las enseñanzas, no sólo para discernir su significado sino también para constatar su validez. La exhaustiva investigación del tema, recordar citas, enseñanzas, así como experiencias propias o ajenas, constituye la *meditación analítica*. Como resultado de dicha reflexión surgirá un nuevo estado mental de naturaleza positiva que, al principio, aparece difuso pero con el tiempo se perfila hasta ser del todo claro. Concentrarse unipuntualizadamente en dicho estado mental es la *meditación de emplazamiento* o concentración –responsable directa de todas las experiencias espirituales–. Ninguno de los dos tipos de meditación es mejor que el otro, los dos son complementarios.

Al pensar y reflexionar en los distintos temas, por decirlo de un modo, se crean "tintes mentales virtuosos" –el pensamiento sobre el que desarrollar la concentración–. Cuanto más material escuchamos y contemplamos más estable y de mejor calidad será el "tinte". La meditación de emplazamiento hace posible que la mente se empape de esa tonalidad transformadora particular.

En la meditación se distinguen dos etapas: análisis y emplazamiento. El objetivo del análisis es 1) crear el objeto de meditación y 2) acercar la mente hacia el mismo. Tras el análisis surgirá en la mente una imagen, una sensación o un estado mental relativo al objeto analizado, pero en cualquier caso, es en lo que concentrarse; dejamos que la mente se funda con la sensación surgida, tanto tiempo como podamos, sin más análisis. Tan pronto como se *pierda* el objeto u experiencia, la hemos de *buscar*, regresando a la primera etapa —analizar el objeto de meditación— para volver a *encontrar* la experiencia. Y una vez hallada, *sostenerla* con nuestra concentración. Al principio, el proceso de *buscar, encontrar sostener* y *perder* se repite a lo largo de la sesión de meditación hasta que, con la práctica, podamos sostener el objeto más y más de modo que nuestra comprensión del mismo aumente.

Cuando la mente se acostumbra a enfocarse sobre las visiones correctas de la realidad, se empieza a transformar dando paso a una sabiduría muy especial: la sabiduría que surge de meditar.

Los dos factores más importantes a la hora de meditar son la concentración y la atención. La concentración se enfoca de manera unipuntualizada sobre el objeto; es lo que se familiariza con el objeto. La atención, evita que la mente se distraiga y, en caso de hacerlo, la vuelve a colocar sobre el objeto.

En las primeras etapas de la meditación aparecen dos obstáculos: el vagabundeo y la excitación. El primero ocurre cuando al meditar sobre la respiración, por ejemplo, pensamos en temas como el amor o la renuncia. El segundo tiene lugar cuando nos distraemos con pensamientos sobre los negocios, una buena película o las próximas vacaciones. A medida que avanzamos en la meditación aparecen otros obstáculos, y para superarlos es conveniente pedir consejo a un practicante que haya pasado por este proceso y sea capaz de resolver correctamente nuestras dudas.

La meditación es un aspecto de la práctica budista muy mal interpretado en occidente. En general, se tiene la idea de que meditar consiste en cerrar los ojos y concentrarse en la imagen de una flor o en una puesta de sol, para superar el estrés. Concebida en este sentido, la meditación crea unas expectativas fantasiosas en el neófito que, a la larga, pueden dificultar un correcto desarrollo espiritual.

Las directrices que aparecen a continuación no constituyen la única manera de meditar en el *Lam Rim*, son tan sólo una ayuda que puede servirnos como guía hasta que aprendamos a utilizar por nosotros mismos la esencia de los textos clásicos.

PRÁCTICAS DE LA PERSONA DE CAPACIDAD INICIAL

EL PERFECTO RENACIMIENTO HUMANO

La finalidad de meditar en el perfecto renacimiento humano es descubrir el potencial innato que tenemos para llegar al estado de Buda. Sin hacerlo nunca nos sentiremos inspirados para practicar. Contemplar los puntos siguientes nos hará descubrirlo:

> Identificar el perfecto renacimiento humano.
> Meditar en el gran valor del perfecto renacimiento Humano.
> Meditar en la dificultad de obtener un perfecto renacimiento humano.

IDENTIFICAR EL PERFECTO RENACIMIENTO HUMANO

Meditación analítica

- Cómo me sentiría si en vez de gozar de un cuerpo humano como el que tengo hubiera renacido como animal.

- Cómo me sentiría si en vez de gozar de un cuerpo humano como el que tengo hubiera renacido en un infierno.

- Cómo me sentiría si en vez de gozar de un cuerpo humano como el que tengo hubiera renacido como un ser humano que no cree en la posibilidad de transformarse y evolucionar espiritualmente.

• Cómo me sentiría si en vez de gozar de un cuerpo humano como el que tengo hubiera renacido como alguien que vive rodeado de violencia o esclavizado por circunstancias adversas.

• ¡Qué alivio no tener que sufrir estas situaciones!

• Al contrario, he conocido a Maestros cualificados y tengo tiempo para dedicar a la práctica.

• Tengo capacidad e inteligencia para comprender la enseñanza.

• El Dharma está a mi disposición y lo aplico con interés.

• Hay personas amables a mí alrededor que hacen posible mi práctica.

• Disfruto de salud física y mental y tengo fe en el poder del Dharma.

• En definitiva, poseo todas las condiciones para seguir el sendero a la Iluminación.

Meditación de emplazamiento: objeto sobre el que concentrar la mente

Piensa una y otra vez en los puntos previos hasta que se produzca un *sentimiento de alegría, regocijo y plenitud* entonces deja de analizar y permanece absorto en dicho sentimiento.

MEDITAR EN EL GRAN VALOR DEL PERFECTO RENACIMIENTO HUMANO

Meditación analítica

- El potencial que tengo es inmenso. Lo puedo usar para dar un sentido a mi existencia y acabar con la visión frustrante de no saber lo que hago en este mundo.

- Tengo libertad para *evitar* actos negativos y *acumular* actos positivos, lo cual me asegura un futuro mejor, a corto y largo plazo.

- Puedo practicar ética, concentración y sabiduría para eliminar definitivamente la influencia de las emociones aflictivas engañosas.

- Puedo despertar la bodhichita y alcanzar el estado de Buda para el beneficio de los demás.

- Puedo entrar en el sendero del Tantra para conseguir el estado de Buda en esta misma vida.

Meditación de emplazamiento: objeto sobre el que concentrar la mente

Tras estas reflexiones surgirá el *deseo de no desperdiciar el tiempo*. Mantén toda tu atención en esta determinación.

MEDITAR EN LA DIFICULTAD DE OBTENER EL PERFECTO RENACIMIENTO HUMANO

Meditación analítica

- Es difícil volver a obtener una situación como la

que vivo actualmente; no siempre he gozado de esta oportunidad, ni puedo estar seguro de volver a encontrarla en mis vidas futuras.

- La causa que produce una vida como la que tengo es mantener un buen comportamiento ético, lo cual no es fácil de seguir en todo momento.

- En realidad, si soy honesto, puedo constatar que tengo más tendencia hacia lo negativo que hacia lo positivo.

- Las escrituras dicen que obtener una situación humana como la que gozo en el presente es más difícil que ver una estrella a pleno día.

- Quizá no sea obvio en las grandes urbes pero, al salir de ellas y mirar al suelo en verano puedo constatar una ingente multitud de animales, sobre todo comparado con el reducido número de humanos.

- Desperdiciar este cuerpo y sus posibilidades *ahora* y pretender volver a conseguir uno en el *futuro* es absurdo.

- He de aprovechar mi libertad como ser humano para atravesar los senderos de los tres niveles de motivación. ¡Tengo todas las cualidades para hacerlo!

Meditación de emplazamiento: objeto sobre el que concentrar la mente

Tras considerar y examinar las líneas de reflexión previas observa con atención y procura mantener tu concentración en lo que se podría resumir así: *voy a utilizar mi vida de la mejor manera posible; la llevaré por el sendero del Dharma.* Tener experiencias de esta meditación nos imbuye de la energía necesaria para la práctica del Dharma: no deseamos desperdiciar el tiempo, ya que cada segundo puede ser utilizado para acumular mérito y acercarnos a nuestra meta.

Aquí hemos expuesto un modelo para hacer tres meditaciones con sus dos partes: análisis y concentración. Las siguientes meditaciones siguen el mismo esquema. Puedes escoger una de ellas y ejercitarte durante un periodo de tiempo o hacer cada día una meditación diferente.

Toda meditación puede enriquecerse con citas de las escrituras y consejos de grandes meditadores. Usa los que más te inspiren. Las citas en las que no se menciona el nombre del autor pertenecen a la famosa *Guía a la forma de vida de un Bodhisatva* de Shantideva (685-763) (cuyo texto raíz he traducido al castellano bajo el nombre *Destellos de Sabiduría*).

Citas

Tanto el ocio como los dones son muy difíciles de hallar;
puesto que me proporcionan beneficios, si no los
aprovecho ahora ¿cuándo volveré a tener una
oportunidad perfecta como ésta?

Confíate en la barca del cuerpo humano y cruza el
gran río del dolor. Es muy difícil volver a encontrarlo,
entonces ¡no debes dormirte ahora, estúpido!

Los Gueshes kadampa señalaban que todos estamos
locos al desperdiciar lo que tenemos: "Nuestra locura es
peor que la locura ordinaria porque ésta puede pasar en
varios años mientras que la que nos domina dura desde
el nacimiento hasta la muerte". *Gueshe Potowa*

Mis primeros veinte años pasaron sin hacer práctica
alguna. Los veinte siguiente, pensando en empezarla

algún día y los veinte últimos los he pasado lamentándome por no haber empezado a practicar Dharma. Así es como viví una vida vacía. *Guntang Jampelyang*

"Mis Maestros rezarán por mí y me ayudarán en el momento de mi muerte." Si piensas así y no pones el Dharma en práctica, poco podrán hacer tus Maestros por ti. *Pabongka Rimpoché*

La muerte

Contemplar nuestra propia mortalidad y el posible futuro que nos espera en los reinos inferiores nos aparta de la influencia nociva de los ocho dharmas mundanos. En una ocasión, un anciano estaba circunambulando el monasterio de Reting cuando Dromtompa le salió al paso para decirle, "lo que haces está muy bien pero ¿no sería mejor que practicases el Dharma?". Al cabo de un rato, el anciano se presentó ante Dromtompa leyendo una escritura mahayana, y éste le repitió lo mismo. El anciano pensó que debería sentarse y meditar, pero Dromtompa siguió sugiriéndole que practicara el Dharma. Finalmente, confuso, el anciano le preguntó: "¿Qué debería hacer para practicar Dharma?" La respuesta de Drom fue contundente: "Renuncia a esta vida; sin hacerlo nada de lo que hagas puede considerarse práctica de Dharma, pues seguirás obsesionado por las ocho preocupaciones mundanas. La renuncia a esta vida te hará abandonar la obsesión por ellas. Sólo así, lo que hagas será Dharma verdadero". Pabongka Rimpoché solía decir:

> Una de las razones por las que nuestras emociones aflictivas Aumentan, a pesar de estar implicados en prácticas avanzadas, es haber dejado de lado las meditaciones del nivel inicial y medio.

No hay que confundirse. No meditamos en la muerte para sentirnos deprimidos sino para *tener una actitud realista y equilibrada ante la vida*. Una mente estable, libre de apego hacia las preocupaciones mundanas; es una base sólida para construir el edificio del Dharma. Meditar en la muerte 1) elimina conceptos fantasiosos perjudiciales, 2) elimina la tensión que surge al conceder *tanta* importancia a las cosas mundanas: negocios, trabajo, dinero, posición social, reputación; y 3) nos impulsa a darle el mejor uso posible a nuestra existencia. Sakyamuni Buda decía en un sutra:

De todas las labranzas, la más beneficiosa es la del otoño.
De todas las huellas, la del elefante es la más profunda.
De todas las meditaciones, recordar la muerte y la
transitoriedad, es la suprema.

Para darnos cuenta de la certeza de la muerte no es imprescindible leer escrituras, basta con seguir el sistema de Gueshe Potowa, quien solía anotar en una lista las personas que se morían en su aldea. Si pensamos en las personas que hemos conocido, y que ya no están cerca de nosotros constataremos que:

La muerte es inevitable.
El momento de la muerte es incierto.
En el momento de la muerte solo el Dharma
puede ayudarnos.

Esto nos llevará a cultivar tres determinaciones:

Practicar Dharma.
Empezar a hacerlo inmediatamente.
Y de la manera más pura.

LA MUERTE ES INEVITABLE

Meditación analítica

• Aunque tengo un potencial inmenso, éste puede desvanecerse en cualquier instante ya que nada ni nadie puede impedir mi muerte.

- Ni famosos ni ricos han podido evitarla. Grandes yoguis y seres santos, incluyendo al mismo Buda, han fallecido porque su cuerpo era transitorio como el mío.

- Desde mi nacimiento, cada aliento me acerca a la muerte.

- Hoy estoy más cerca de la muerte que ayer.

- El espacio de mi vida se agota implacablemente: pasan los segundos, los minutos, las horas, los días, las semanas, los meses y los años, y ellos me entregan a la muerte.

- La vida es un viaje hacia la muerte. Como un condenado a muerte, cada día que pasa estoy más cerca del momento en que tendrá lugar mi ejecución.

- Incluso cuando duermo plácidamente no dejo de viajar hacia ese fatal destino.

- Tengo que morir porque la enfermedad y la degeneración de mi cuerpo son inevitables. Y lo peor de todo es que, si no lo remedio, moriré sin haber hecho preparativos para ese crucial instante.

- ¿Cuánto tiempo dedico cada día a la práctica del Dharma?

Meditación de emplazamiento: objeto sobre el que concentrar la mente

Dale vueltas a esos pensamientos hasta llegar a generar el

deseo siguiente: *Tengo que practicar Dharma.* Mantén con fuerza esta determinación en tu mente.

EL MOMENTO DE LA MUERTE ES INCIERTO

Meditación analítica

- Es cierto que moriré pero ¿cuándo? ¿Puedo estar seguro de vivir una semana más?

- ¿Voy a estar vivo mañana por la mañana?

- ¿Qué embrujo me hace creer que no moriré hoy mismo?

- ¡Nada es más incierto que el momento de mi muerte!

- Algunos mueren ancianos, pero muchos son también los que mueren jóvenes. He visto morir a amigos, familiares, vecinos, artistas famosos, políticos, Maestros espirituales.

- ¿Existe alguna medicina capaz de alargar mi vida, alguna dieta milagrosa?

- ¿Me doy cuenta de que, mientras cocino y consumo la mejor comida, y hago los mejores ejercicios para colmar mi cuerpo de salud, en realidad, me estoy acercando inexorablemente hacia la muerte?

- Aparentemente mi cuerpo es fuerte y duradero, pero ¿lo es realmente?

- ¿Cuántas personas sanas han fallecido por causas tan inofensivas, como un resbalón o un mal golpe?

- Mi cuerpo es tan frágil como una burbuja de aire.

- No voy a dejarme engañar por el pensamiento: "Primero terminaré mi trabajo y después empezaré a practicar Dharma". ¡La muerte puede sorprenderme y llegar antes de que mis tareas hayan acabado!

Meditación de emplazamiento: objeto sobre el que concentrar la mente

Recapacitar en estas líneas de pensamiento revelará que tu vida pende de un hilo muy fino que puede romperse en cualquier instante. Desde esa sensación de incertidumbre concentra la mente en la siguiente determinación: *Tengo que practicar Dharma inmediatamente.*

EN EL MOMENTO DE LA MUERTE SÓLO AYUDA EL DHARMA

Meditación analítica

- Cuando me llegue la muerte ¿Qué me ayudará?

- ¿Podrán ayudarme mis padres, mi esposo o esposa, mis hijos, mis amigos queridos o los médicos que me cuidan?

- ¿Podrán mis bienes, mi trabajo o educación ayudarme?

- ¿Podrá ayudarme mi propio cuerpo al que le he dedicado tanta energía?

- Cuando salgo de viaje hago muchos preparativos: pasaporte, dinero, billetes de avión, equipaje. Pero,

¿qué equipaje me llevaré a mis vidas futuras? ¿Tendré suficiente crédito para atravesar sin dificultades la frontera del bardo? ¿Encontraré un buen ambiente en el hotel que será mi vida futura?

- Lo único que realmente me puede ayudar es mi propia práctica de Dharma, porque 1) purifica la energía negativa de mi interior, 2) potencia mis cualidades positivas y 3) proporciona comprensión sobre adónde voy a ir.

Meditación de emplazamiento: objeto sobre el que concentrar la mente

Tras estas reflexiones, decide: *Nada puede ayudarme, excepto empezar a practicar el Dharma con pureza desde hoy mismo.*

Citas

La vida es transitoria como la puesta de sol, la riqueza es como el rocío de la mañana sobre la hierba, los halagos son como el viento entre las montañas, un cuerpo joven es como una flor en otoño. *VII Dalai Lama*

La vida transcurre sin detenerse día y noche y, además, nunca se acrecienta ¿por qué la muerte no habría de llegarle a alguien como yo?

La muerte es común a todos: somos como las reses que llevan al matadero. *(Aryadeva)*

Cuando sea atrapado por los mensajeros de la muerte: ¿De qué me servirán mis familiares alrededor del lecho? Sólo mi mérito me ayudará entonces, aunque nunca lo creí.

Al traicionero Señor de la Muerte no le importan las cosas que quedan por hacer. Tanto si estoy enfermo como si estoy sano, este fugaz período de vida es inestable.

Cientos de moscas estúpidas se reúnen encima de la carne podrida como si se tratara de un gran banquete. Esto coincide con la canción que entonan innumerables estúpidos que buscan felicidad en los placeres superficiales; lo intentan de innumerables maneras, sin embargo, nunca los ves satisfechos. *VII Dalai Lama*

Pensar que vas a empezar a practicar Dharma cuando hayas terminado tus trabajos y proyectos es un fantasma que te empuja a desperdiciar tu vida entera sumido en ese engaño. Antes que ese "mañana" en el que empezarás a practicar, llegará el "hoy" del día de tu muerte. No te engañes, si quieres practicar Dharma, empieza ahora mismo. *Guntangpa*

Los trabajos continuos que hacemos antes de empezar la práctica de Dharma son como las barbas de un viejo: cuanto más las cortas, más crecen. *Guntangpa*

Aunque existen muchas prácticas extraordinarias que los grandes Lamas pueden hacer por ti para ayudarte a reconocer el bardo cuando te has muerto, es mucho más provechoso haber practicado Dharma durante tu vida. *Pabongka Rimpoché*

Desperdiciar casi todos los momentos del día en entretenimientos sin sentido y escapes diversos no produce ninguna experiencia del Dharma. ¿Qué has conseguido de la vida hasta ahora? *VII Dalai Lama*

Puesto que todos los fenómenos son compuestos, son transitorios, la vida cambia y nunca permanece; ese cambio es la base de todo el sufrimiento, ya que la mente samsárica se llena de frustración al observar el desvanecimiento continuo de sus creaciones.

VII Dalai Lama

Meditar en los reinos inferiores

Una de las razones de meditar en la muerte es despertar varias comprensiones nuevas:

- El resultado de las acciones negativas, creadas desde tiempos inmemoriales, es renacer en los reinos inferiores.

- La determinación de no seguir creando más actos negativos.

- La existencia de los reinos inferiores es siempre objeto de dudas, pero aún así es buena idea acostumbrarse a meditar en ellos imaginando que los experimentamos en carne propia. El propósito de ello es generar un temor cuya función es *ayudarnos a eliminar la fuerza de las tendencias negativas y a apartarnos del hábito de actuar negativamente.*

Considerar una y otra vez los resultados insatisfactorios que producen nuestros estados mentales negativos nos impulsará a aplicar los cuatro poderes oponentes como método de purificación. Así quemamos las semillas negativas que ellos dejan en la mente y, por tanto, evitamos un futuro atormentado. ¿Cómo purificar? El primer paso y más importante es despertar un sano sentimiento de arrepentimiento por las actividades negativas cometidas desde tiempo sin principio. El segundo es determinarnos a no reincidir en ellas. El tercero consiste en apoyarse en las palabras santas de los seres Iluminados y el cuarto, en implicarnos en la práctica de Dharma.

MEDITAR EN LOS REINOS INFERIORES

Meditación analítica

(Aborda, a continuación, con una mente flexible, el posible viaje a los distintos reinos, según explican los textos tradicionales, y trata de ponerte "en la piel" de cada uno de ellos; intenta sentir el dolor que experimentarías tú de renacer en un reino así).

- Al igual que yo mismo, los animales nacen, respiran, comen, enferman y mueren. Pero, ¿qué tipo de vida llevan? Algunos, en un medio salvaje, padecen hambre y sed; otros son utilizados por el hombre para su trabajo, diversión o sustento. Excepto casos muy aislados no tienen posibilidad alguna de despertar sentimientos positivos. Les domina la ignorancia, el apego, el odio y el temor.

- Por otro lado, ¿cuántos seres humanos viven actualmente situaciones espantosas? ¿Cómo me sentiría si tuviera que vivir en medio de una guerra, padecer hambre, sed, pobreza extrema o ser víctima de torturas vejatorias? ¿Qué sería de mí si, de repente, me encontrara pisando un suelo candente y experimentando situaciones asfixiantes? ¿Cómo me sentiría si mi cuerpo tuviese que ser hervido miles de veces sin poder fallecer?

- ¿Cómo me sentiría de ser un cerdo al que trasladan al matadero? ¿Cómo sería sacrificado? ¿Quizás me cortarían la cabeza o me electrocutarían? En estas condiciones ¿Tendría alguna oportunidad de ser feliz o de crear causas para serlo?

- ¿Cómo me sentiría de tener la forma de un preta, un espíritu hambriento, con un cuerpo famélico y padeciendo hambre y sed durante siglos?

- A veces, de repente, por la noche me encuentro en medio de una pesadilla de la que me gustaría escapar pero, mientras dura, es imposible. Al igual que no puedo saber lo que soñaré esta misma noche, no puedo saber con certidumbre qué calidad de vida y experiencias tendré en mi existencia futura.

Meditación de emplazamiento: objeto sobre el que concentrar la mente

Una vez vividas "imaginariamente" las experiencias de los reinos inferiores surgirá el *temor a vivir dichas situaciones y el intenso deseo de renacer en reinos como el humano.* Cultivar este estado proporciona una intensa sensación de felicidad, ya que te aparta de la confusión en que te sumió la testaruda convicción basada en la visión errónea de que *sólo* esta vida era importante y de que la muerte era el fin de todo.

Se ha de enfatizar una vez más que meditar, una y otra vez, en la muerte y en tu posible futuro en los reinos inferiores te hará dar el primer paso en tu viaje hacia la Iluminación: una intensa aspiración de acceder a estados elevados en las vidas futuras. Como se ha visto en el capítulo "Los Tres niveles de Motivación", ésta es la motivación del ser de capacidad inicial. Una vez generada la aspiración de alcanzar estados elevados en las vidas futuras, sentimos la necesidad de conocer el método que lo hará posible y descubrimos que éste no es otro que tomar refugio y seguir la ley del karma.

Tomar Refugio

Si hemos conseguido extraer una experiencia de la meditación en la muerte y la posible estancia en un reino desafortunado, nos daremos cuenta de que estamos solos y sin protección ante el peligro. Tratamos con ansiedad de esconder este hecho llenando nuestro tiempo con trabajos y distracciones, porque afrontar esta desesperada situación puede empujarnos a la depresión y a dejar de ver sentido a la existencia.

Durante muchos años se ha creído que el desarrollo material podría encubrir este gran vacío existencial del hombre, sin embargo resulta evidente que aunque se han solucionado unos problemas, a la vez se han creado otros. Y lo que es peor, el vacío sigue latente.

De niños, la presencia de nuestros padres nos daba seguridad, más tarde comprendimos su incapacidad para responder a todas nuestras expectativas. Descubrimos que ellos estaban tan confundidos como nosotros mismos. En la adolescencia tratábamos de emular a nuestros "mitos", tal vez eran las estrellas del rock del momento, los deportistas más famosos o los triunfadores de las finanzas. En cualquier caso, nos interesaba de ellos la seguridad que parecía emanar de su estatus. Pero, con el paso del tiempo, se fue haciendo más evidente que es imposible encontrar seguridad real en nada. La certeza de este hecho nos vuelca hacia el único refugio seguro, hacia lo único que puede dar respuesta a nuestros profundos interrogantes y sustituir nuestra ansiedad por una vida llena de esperanza. Se trata de tomar refugio en las Tres Joyas: Buda, Dharma y Sangha.

En el *Lam Rim* hallamos completas explicaciones acerca de la naturaleza y beneficios de tomar refugio. De manera resumida, tomar refugio significa dirigir nuestra vida hacia la consecución de la salud completa. Tomar refugio en las Tres Joyas produce un cambio revolucionario en nuestra consciencia porque nos revela que la vida, por fin, tiene un sentido especial. Este descubrimiento, no obstante, no se produce por arte de magia sino que es resultado de haber cultivado la joya del Dharma. Es decir: las experiencias que surgen de poner en práctica las meditaciones adecuadas a los distintos niveles de capacidad, inicial, medio y superior. Desgraciadamente, como decía Potowa:

> Hoy en día tenemos más fe en adivinadores y astrólogos que en las palabras de los Seres Iluminados.

Si un echador de cartas nos dice que el año próximo encontraremos a la mujer o al hombre de nuestra vida nos lo creemos ciegamente y aguardamos impacientes, pero cuando los Seres Iluminados nos dicen que crear acciones negativas produce sufrimiento en las vidas futuras, pensamos que se trata de una exageración.

Comúnmente, nos acercamos a las Tres Joyas institucionalizando al Buda como algo lejano a nosotros, alguien muy elevado que, como un Dios, está más allá del bien y del mal. Creemos que la Sangha se refiere a seres de otra galaxia, lejanos a nosotros, y el Dharma como algo que, principalmente, nos debe ayudar en esta vida. Es mucho mejor ver al Buda como el ejemplo y resultado del objetivo que perseguimos, "practico para convertirme en un ser Iluminado como lo fue Sakyamuni Buda y tantos otros. Para conseguirlo, practicaré las instrucciones de los tres niveles de motivación, que me proporcionarán poderosas experiencias y comprensiones interiores que me evitarán dolor presente y futuro. Cuando estas experiencias interiores se afiancen y desarrollen, yo mismo me convertiré en

Sangha; el puente que me llevará a mi propio estado de Buda". Con estos pensamientos la práctica de la toma de refugio se vuelve más "viva", más cercana a nosotros y a nuestros dilemas.

Podemos recordar esta sección recitando la oración de refugio compuesta por Atisha y que encabeza muchas prácticas budistas tibetanas:

> Me refugio en Buda, el Dharma y la Sangha
> hasta que alcance la iluminación.
> Que por los méritos que acumule con la práctica
> de la generosidad y otras perfecciones,
> pueda alcanzar el estado de Buda para poder
> beneficiar a todos los seres conscientes. (X3)

Tomamos refugio porque admitimos que no estamos satisfechos con nuestra existencia, tenemos temores, y esperamos recibir protección. No obstante, para tomar refugio es preciso hacer mucho más que recitar una simple oración.

Como se ha repetido en diversas ocasiones, a un ser de capacidad inicial lo que le impulsa a tomar refugio es el temor a renacer en reinos inferiores. Nos deberíamos preguntar, ¿la tenemos? Para tomar refugio como seres de capacidad media hemos de temer el sufrimiento de seguir renaciendo en samsara y desear intensamente liberarnos de él. ¿Tenemos estos anhelos? Y por último, para tomar refugio como seres de capacidad superior nos hace falta temer el quedar absortos en la paz del Nirvana sin desear la Iluminación para beneficio de todos los seres. ¿Contamos con estas actitudes? El objetivo del *Lam Rim* es despertarlas por medio de poner en práctica las técnicas pertinentes en cada nivel. Así nos vamos transformando en Sangha y en Buda. La protección suprema es que uno mismo se convierta en las Tres Joyas. En definitiva, la práctica del *Lam Rim* mejora nuestra manera de tomar refugio, haciéndola más profunda y efectiva.

Citas

Si ahora que tengo la oportunidad de llevar una vida constructiva mis acciones no son virtuosas ¿qué haré cuando esté confundido por las miserias de los reinos inferiores?

Y cómo voy a experimentar felicidad si en la morada de mi apego anidan los guardianes de la existencia cíclica, los engaños, mis futuros carniceros y verdugos en los infiernos.

¿Quien creó adrede las armas que torturan a los que viven en el infierno? ¿Quién creó el suelo de cobre ardiendo? ¿De dónde surgieron las mujeres infernales?

El Poderoso ha dicho que estos fenómenos son el producto de una mente maligna por tanto no hay nada que temer en los tres mundos a excepción de la propia mente.

No temo a la muerte sino al renacimiento. Morir sólo dura un momento mientras que renacer en un reino inferior puede durar una eternidad. *Gueshe Potowa*

No hay logros mundanos que merezcan la pena, ningún proyecto samsárico tiene valor, y en la vida mundana la mente no encuentra tiempo para estar en paz. Despierta tu consciencia espiritual ahora mismo. *VII Dalai Lama*

La ley de causa y efecto

Vivir según los consejos de las Tres Joyas y tomar refugio en ellas es el primer paso en el sendero interno; no en vano se conoce como "la puerta de entrada al Budhadharma". Sin embargo, corremos el riesgo de caer en un estado de complacencia en el que nos demos por satisfechos con la mera repetición de las cinco líneas de la oración del refugio y ser "obedientes y sumisos" con nuestros Maestros espirituales, convencidos de que estas actitudes constituyen el respeto y la devoción. Con ello esperamos recibir el "premio" de un renacimiento en una Tierra Pura.

Tomar refugio es mucho más que recitar y obedecer. Abarca, como se ha visto, distintas actividades en las que uno debe implicarse de un modo activo. La primera y más esencial de ellas es adoptar un comportamiento ético, que a corto y largo plazo trae paz. Con este sencillo cambio de actitud sembramos la semilla de la felicidad, nos protegemos a nosotros mismos, ¡tenemos la joya del Dharma en nuestro interior!

La ley de causa y efecto es también conocida como la ley del karma, y nos enseña que todo lo que experimentamos, bueno o malo, ha sido creado por uno mismo. Cualquier intención mental, positiva, negativa o neutra, nos induce a crear acciones físicas y verbales, las cuales trazan surcos en nuestra mente que dejan en ella semillas que irán moldeando *lo que somos y la manera en que experimentamos el mundo que nos rodea*. Al realizar una acción positiva sembramos semillas para recoger la cosecha de la felicidad y la predisposición a continuar siendo positivos; una acción negativa siembra la cosecha del malestar y la tendencia hacia lo negativo.

Se medita en esta ley para generar la convicción de que realmente rige nuestra vida. Pero para ello es fundamental aceptar que la mente, base sobre la que actúa dicha ley, no empieza y termina en esta vida, sino que proviene de un continuo anterior que seguirá en la vida siguiente. Si lo que experimentamos ahora es el resultado de lo que hemos sembrado en el pasado, y lo que hacemos actualmente es sembrar para el futuro, no tenemos un amplio margen de maniobra, pero *podemos elegir cómo reaccionar* ante los resultados de nuestros actos previos y crear con nuestros actos presentes experiencias futuras de mejor calidad. Somos los arquitectos y diseñadores de nuestro futuro.

LA LEY DE CAUSA Y EFECTO

Meditación analítica

- Toda acción deja una semilla en mi consciencia que producirá resultados diferentes.

- Una semilla positiva, producto de un acto virtuoso, me hará experimentar felicidad. Una semilla negativa, producto de un acto vil, me traerá sufrimiento.

- El efecto experimentado será mayor que el acto creado, tanto en su aspecto positivo como negativo.

- Si no creo actos positivos no experimentaré felicidad, y si no creo actos negativos no experimentaré dolor.

- Las semillas kármicas, pueden quedar latentes durante vidas hasta que se den las circunstancias apropiadas que las hacen florecer.

- Las semillas no pierden su potencial de dar fruto, a no ser que se neutralicen. Si creo un acto negativo, la ley kármica me impulsará a reforzar mi tendencia a repetir este curso de acción. Debo apartarme de todo acto negativo.

- Encontrarme con una situación desagradable es resultado de algún acto negativo cometido en vidas pasadas. Puedo responder de manera negativa o positiva: sencillamente está en mis manos. Por ello, no incrementaré mi negatividad respondiendo con odio.

- Encontrarme con una situación agradable es resultado de mis propios actos positivos creados en vidas previas. No tengo por qué generar orgullo; al contrario, me valdré de esta situación para reforzar mi deseo de seguir acumulando actos positivos.

Meditación de emplazamiento: objeto sobre el que concentrar la mente

Tras reflexionar te determinas así:

1) *A partir de ahora voy a evitar todo acto negativo, por insignificante que sea.*
2) *Me esforzaré por crear incluso los más pequeños actos positivos.*
3) *Evitaré que las semillas negativas latentes den su fruto aplicando una purificación intensa.*

Los actos negativos son múltiples pero se pueden resumir en el deseo de matar (humanos o cualquier tipo de vida), robar o coger lo que no es tuyo, implicarte en actividades sexuales sin tener presente el dolor que pueden causar a terceras personas, mentir, dividir a los demás, usar palabras duras, perder el tiempo hablando de temas sin valor ni provecho, codiciar lo que tienen o son los demás, tener pensamientos malvados y mantener puntos de vista sobre la realidad que son erróneos o irreflexivos.

Citas

Lo más importante para los principiantes es convencerse de que la ley de causa y efecto funciona, conducirse positivamente y abandonar los actos negativos. Algunos creen que practican Dharma cuando pasan su tiempo susurrando oraciones. Otros intentan desarrollar un equilibrio mental pretendiendo que meditan en la vacuidad; pero estas personas sólo demuestran que no saben lo que significa practicar Dharma. *Pabongka Rimpoché*

Desean escapar de la miseria pero corren hacia ella, como si de su mejor amigo se tratase. Desean la felicidad pero, ignorantes, la destruyen como a un enemigo.

¿Cómo puedo liberarme de una vez por todas de lo negativo, fuente de toda miseria? Continuamente, día y noche debería considerar este hecho.

Es imposible esconder la hipocresía en el espejo de las acciones positivas y negativas. Enfoca este espejo en tu mente y observa lo que es bueno,
lo que es neutro y lo que es vil. *VII Dalai Lama*

Los enemigos y problemas que te encuentras son el fruto de tus propias acciones, cometidas en esta vida o en las pasadas. Afróntalos con paciencia, sin enfado.
VII Dalai Lama

Hemos estudiado tantas enseñanzas como agua ve un pez. Por tanto, tenemos las impresiones kármicas de haber escuchado el consejo del Tathagata. Sin embargo, pasamos nuestro tiempo en la mera intelectualización. Empieza inmediatamente a practicar con pureza y extrae la esencia de la vida. *VII Dalai Lama*

¿Quién es el guía principal que nos conduce al dolor? El poder del karma y las emociones aflictivas que nos hacen renacer en samsara. *VII Dalai Lama*

PRÁCTICAS DE LA PERSONA DE CAPACIDAD MEDIA

La Renuncia

Las prácticas de las personas de capacidad media enfatizan el descubrir la naturaleza del samsara y cómo liberarse de él. Según los textos budistas clásicos, el término samsara se refiere a nuestro cuerpo y mente actuales que hemos tomado sin libertad alguna, impulsados por las emociones aflictivas y los actos previos propios. En general, se cree que el samsara es el mundo en que vivimos y, en cierto sentido, es cierto, pero sólo entendiendo que es "este mundo que percibimos a través de nuestra mente actual". De cambiar el funcionamiento de esta mente percibiríamos "este mismo mundo" de un modo totalmente diferente. El estudio de las cuatro nobles verdades y los doce vínculos nos ayuda a entender cuál es la naturaleza precisa del samsara. Sobre las cuatro nobles verdades el Buda dijo:

> Deberías conocer el sufrimiento
> Deberías abandonar sus orígenes
> Deberías obtener las cesaciones
> Deberías meditar en los senderos

En estas cuatro líneas se encuentra el mensaje último del Buda: *conocer* o identificar con claridad lo que es el sufrimiento, ya que no hacerlo nos deja tal y como estamos, es decir, confundiendo lo que es dolor con placer y buscando la solución al dolor en zonas erróneas. *Abandonar* o trabajar intensamente para ir más allá de la causa del dolor, las emociones aflictivas y sus actos resultantes. *Obtener* o experimentar el estado en el que uno no se ve impulsado por defecto mental interno alguno. Para ello se hace necesario *meditar* en el sendero interno.

Sakyamuni Buda no se manifestó en este universo únicamente para ser objeto de adoración de sus seguidores, sino para que ellos practicasen sus enseñanzas. Hay una tendencia innata en los seres ordinarios a divinizar e idolatrar al Buda, a los Maestros o Gurus, pero en muchos de sus sutras el mismo Buda desaconsejó este vicio, quizás reconfortante para recubrir, o negar inseguridades y anhelos internos pero, a todas luces, nocivo para un desarrollo interno sano.

El Budismo entiende por sufrimiento no sólo el dolor obvio, la incertidumbre, la enfermedad, la vejez y la muerte, sino también la brevedad de lo que comúnmente denominamos "felicidad", la experiencia de una falta de libertad profunda que rige nuestras vidas, y el potencial para experimentar dolor en cualquier momento. De ahí que el primer consejo del Buda nos animara a "conocer el sufrimiento".

Nos podemos preguntar: ¿Cuál es la finalidad de meditar en el sufrimiento? Descubrir la realidad que nos envuelve, comprender nuestra situación y despertar el deseo de superarla. En palabras simples, esto sería la renuncia al samsara. En las enseñanzas budistas se escuchan cosas como: "Tengo que salir del samsara", y quizá lo interpretamos como dejar el mundo o forma de vida actual, pero éste no es el propósito. Lo que procede es abandonar nuestras emociones aflictivas y, más específicamente, su soporte: la ignorancia. Una vez conseguido este objetivo ya no *pertenecemos* al samsara aunque *sigamos viviendo en este mundo*.

LA RENUNCIA: DESEAR LA LIBERACIÓN

Meditación analítica

- Lo que más deseo es experimentar felicidad. Sin embargo: ¿Cuál es mi situación?

- ¿Cuántas veces tengo que sufrir la incertidumbre: no saber qué será de mí en el futuro, que será de mi trabajo, mi salud o mis relaciones personales?

- ¿Me he dado cuenta de que, tarde o temprano, tendré que envejecer y ser testigo de cómo se escapan la belleza y vitalidad de mi cuerpo?

- ¿Comprendo realmente que tendré que morir y abandonar todo lo que amo?

- ¿Qué puedo decir de mis experiencias satisfactorias? Mientras han durado he disfrutado, me he reído, o me he emocionado, pero al cabo de un tiempo, ¿adónde se han ido aquellos bonitos sentimientos? ¿Era realmente feliz, o más bien ocurrió que, durante un rato, me olvidé de la insatisfacción?

- ¿No llamo felicidad a lo que no es más que haber burlado brevemente el dolor más obvio?

- El embrujo que me ata a la noria de la incertidumbre, la insatisfacción, la vejez, la enfermedad y la felicidad frustrante surge de mi propio cuerpo y mente.

- Mis actos erróneos del pasado determinan mis experiencias presentes, incluyendo el cuerpo y mente que poseo actualmente, y mis actos presentes determinan las experiencias de mi futuro. Esta es la manifestación de sufrimiento más profundo que descubrió el Buda y, mientras persista en mi interior, no tendré posibilidad de experimentar un estado de felicidad completo.

- Ahora soy un ser humano pero, ¿quién me garantiza que en mi vida siguiente no renazca en un reino animal o que no descienda a los reinos infernales?

Meditación de emplazamiento: objeto sobre el que concentrar la mente

Tras reflexionar en estos puntos, observa en tu interior y notarás un claro sentimiento de aversión hacia todas estas situaciones y sus causas. De este estado surgirá una determinación que, traducida en palabras, es: *quiero salir inmediatamente de esta situación, quiero obtener un estado de paz duradera, quiero alcanzar el Nirvana.* Concéntrate tanto tiempo como puedas en este nuevo sentimiento, la renuncia.

MANERA EN QUE SURGEN LAS EMOCIONES AFLICTIVAS

Los elementos que construyen el samsara particular de cada uno son las propias emociones engañosas y los actos que ellas nos impulsan a hacer.

Recordemos que la práctica principal de los seres de nivel inicial era seguir la ley de causa y efecto para así controlar y refrenar la proliferación de los actos negativos más obvios. Esto sería como aplicar una cura de urgencia. En el segundo nivel de motivación se enfatiza atacar las emociones aflictivas engañosas. Estas producen dos tipos de síntomas: los actos que llevamos a cabo y las experiencias que producen. Entender que los actos surgen de las emociones aflictivas es más fácil que entender que *todas* nuestras experiencias cotidianas son también resultado de ellas.

El fruto de nuestros actos pasados ya lo estamos experimentando en este momento, en la forma de nuestras experiencias de esta vida, y no se pueden esquivar. Pero sí podemos empezar a controlar nuestros actos presentes para ir alterando el curso de los acontecimientos futuros.

Puesto que las emociones aflictivas son la causa real de los actos y de sus resultados, el primer paso para poder controlarlas es identificarlas. Las emociones aflictivas son la verdadera fuente del samsara, y mientras las llevemos a cuestas seguiremos alejados del bienestar real. Necesitamos una estrategia inmediata para disminuirlas y una a más largo plazo para eliminarlas de cuajo. La que se presentará a continuación es la inmediata y entraña minimizar "temporalmente" las emociones aflictivas obvias que alteran la mente. La estrategia profunda entraña acabar para siempre con la ignorancia, que es la raíz de toda emoción engañosa, y se presentará al final del libro, en el capítulo sobre la vacuidad.

Meditación analítica

- Siempre que percibo un objeto agradable se activa el *potencial* en mí para que aparezca el apego; si el objeto es desagradable se activa la aversión y si es neutro, la ignorancia. Es la causas sustancial de toda emoción aflictiva.

- Dicho potencial yace en mi interior a causa de haber creado estas mismas emociones aflictivas en mis vidas previas.

- Tengo que acabar con esta fuerza poderosa e invisible que hace aparecer emociones aflictivas en mi mente.

- Otro factor que favorece el despertar de las emociones aflictivas es la tendencia a *exagerar* el objeto; en el caso de la aversión exagero su cualidad desagradable, y en el caso del apego exagero la agradable. La exageración es la gasolina que da vida al motor de mis emociones aflictivas. Acepto mi incapacidad actual para dejarlas, pero disminuir la exageración sí está en mis manos.

- ¿Qué puedo hacer en el día a día para disminuir la fuerza de las emociones aflictivas?:

1. Entender que se sustentan debido a mi familiaridad con ellas.
2. Esforzarme para disminuir la duración de cualquier emoción aflictiva cuando aparezca.
3. No exagerar las cualidades del objeto que provoca las emociones aflictivas.
4. En el caso de no poder hacerlo, pensar en las desventajas de las emociones aflictivas.

- ¿Cómo me siento cuando me dejo arrastrar por cualquier emoción aflictiva? ¿Me doy cuenta de que es una fuente de desgracias y de que me impulsa a actuar de manera errónea? ¿Me doy cuenta de que percibo y concibo que "algo agradable o desagradable está allí afuera sin depender en absoluto de mi karma, que me fuerza a verlo de ese modo"?

Objeto de emplazamiento

Tras reflexionar surge la siguiente determinación: *pacificaré mis emociones aflictivas aplicando sus antídotos y, con el tiempo, erradicaré la ignorancia, su raíz, con la comprensión de la vacuidad.*

PACIFICAR TEMPORALMENTE EL ODIO

Meditación analítica

Cuando me veo afectado por el odio exagero los defectos del objeto que lo provoca y siento el impulso de perjudicarlo.

- ¿Cuántas veces he sido víctima de este estado? ¿Me he sentido bien cuando esto ha ocurrido? ¿Qué ventajas conlleva generar odio? Muy pocas.

- En cambio, sus desventajas son muchas:

  1. Me hace sentir mal, incluso físicamente.
  2. Me roba la capacidad de discernir bien.
  3. Empeora mis relaciones con amigos y familiares.
  4. Afea mi apariencia.
  5. Los demás se separan de mí.
  6. Me perjudica tanto en esta vida como en las futuras.

- Por el contrario, la paciencia es la raíz de innumerables cualidades:

  1. Es una armadura que me permite vivir de manera positiva incluso en la adversidad.
  2. Me embellece, me serena.
  3. Me da sabiduría, pues no disminuye mi capacidad para discernir.
  4. Me beneficia en esta vida y en las futuras.

- Por último, si el objeto que despierta mi odio es una persona, debo preguntarme: ¿Es tan desagradable como yo le veo? ¿Le ve acaso así, su padre, madre o hijos? ¿Dónde se localiza esa faceta tan desagradable que yo le veo? ¿Forma realmente parte de él o sólo está en mi mente?

Meditación de emplazamiento: objeto sobre el que concentrar la mente

Tras las reflexiones surgirá el deseo de liberarse del odio y la determinación siguiente: *al relacionarme con un objeto que provoca mi odio, voy a intentar practicar paciencia, reaccionar con amor y desarrollar sabiduría.* Concéntrate en ella.

PACIFICAR TEMPORALMENTE EL APEGO

Meditación analítica

- Cuando me veo afectado por el apego, considero muy deseable el objeto que lo produce, y exagero sus cualidades. Lo quiero poseer y me absorbe por completo.

- ¿Cómo me siento cuando soy víctima de esta emoción negativa tan sutil e impregnante? Aunque no es tan violenta ni tan obvia como el odio me causa multitud de frustraciones.

- ¿Qué actos me impulsa a crear? ¿Son positivos o tengo que engañar, calumniar y codiciar por su culpa?

- Sus desventajas son muchas:

  1. Los objetos a los que me apego carecen de esencia alguna.
  2. No producen los resultados que espero.
  3. No pueden satisfacer mis expectativas.

- Todo objeto de apego, animado o inanimado pasa, segundo tras segundo, por estados de cambio, y es inevitable que las cualidades que tanto me atraen ahora desaparezcan.

- Pero, ¿lo ven los demás tan bello como lo veo yo? ¿Dónde reside su belleza: en el objeto o en mi mente?

Meditación de emplazamiento: objeto sobre el que concentrar la mente

Concéntrate en la determinación de *ver las desventajas de los objetos de apego y reaccionar comprendiendo su naturaleza.*

Citas

Ahora son mis amigos, pero en un instante pueden ser mis enemigos. Puesto que incluso en situaciones alegres se enfadan, es difícil satisfacer a los seres ordinarios.

De la misma manera que a los animales de carga sólo se les deja comer un poco de hierba, del mismo modo, el apego conlleva muchas desventajas y poco beneficio.

Como pequeño es el provecho que obtienen estos animales, también los que experimentan dolor por sus actos previos desperdician sus dones y libertades, tan difíciles de hallar, en objetos triviales.

No hay felicidad duradera que pueda encontrarse en el samsara. ¡Qué estúpido es sentarse complaciente en un agujero lleno de agonías! *VII Dalai Lama*

No veas la enseñanza del Buda con una actitud superficial ni te quedes en las meras palabras. De ahora en adelante practica su esencia y cruza el océano plagado de los monstruos del sufrimiento.
VII Dalai Lama

PRÁCTICAS DE LA PERSONA DE CAPACIDAD SUPERIOR

El Mahayana

Las meditaciones que han sido descritas hasta este punto, conformarían la esencia del sendero Hinayana, pero desde la perspectiva del *Lam Rim* todas ellas han de entenderse como preliminares al sendero Mahayana. Esta clasificación nos hace dudar entre seguir las prácticas mahayana que nos conducen a la Iluminación, o practicar las hinayana porque las primeras nos parecen demasiado difíciles. Una manera de resolver este dilema es abordar la práctica con una mente flexible, entendiendo nuestras limitaciones actuales pero sin perder de vista el resultado futuro. No olvidemos que somos principiantes y como tales debemos enfatizar meditaciones como el perfecto renacimiento humano, la muerte, practicar la bondad, abandonar las tendencias negativas, la renuncia y controlar las emociones aflictivas.

Hemos de abordar meditaciones mahayana como la bodhichita, corazón de este sendero, entendiendo que es imposible alcanzarla sin haber despertado la renuncia. La bodhichita es el deseo de llegar a la Iluminación para poder beneficiar a todos los seres conscientes. La mayoría de textos de *Lam Rim* aconsejan comprender los beneficios de la bodhichita, que se describen ampliamente en el primer capítulo de la *Guía* de Shantideva. El meditador puede escoger una o varias de sus estrofas y contemplar su significado hasta despertar un vivo interés por conseguir dicha bodhichita, que es el antídoto al egoísmo.

Para desarrollar la bodhichita necesitamos saber cómo hacerlo. Existen dos métodos muy especiales y poderosos denominados, "cambiarse por los demás" y "las seis causas y un efecto". Ambos pueden encontrarse en *Senda de Luz* pero una explicación detallada del segundo se encuentra en *Rayos de Sol*. Sin embargo, aquí sólo se abordará el método de "cambiarse por los demás" que consta de cinco etapas:

Igualarse con los demás.
Desventajas del egoísmo.
Beneficios de estimar a los demás / cambiarse por los demás.
Tomar con compasión.
Dar con amor.
Bodhichita.

De manera muy resumida, presentaré unas líneas de pensamiento para meditar y poder despertar cada una de estas meditaciones.

Igualarse con los demás

La meditación de igualarse con los demás pretende mostrarnos que uno mismo es igual a los demás en cuanto a sus necesidades vitales, temporales y últimas. A pesar de esto, pensamos y actuamos con el hábito innato de creer, "yo soy más importante que los seres que me rodean". Reflexionar en los pensamientos que vienen a continuación saca a la luz dicho hábito y desafía su sinrazón.

IGUALARSE CON LOS DEMÁS

Meditación analítica

- ¿Qué es lo que más deseo en esta vida? Experimentar bienestar y apartarme del dolor. ¿Qué es lo que más desean los demás? Exactamente lo mismo.

- El aspecto, las afinidades y las características externas pueden ser muy diferentes, pero mis deseos esenciales y los de los demás son idénticos.

- Mi actitud egoísta no se siente cómoda ante este descubrimiento pero: ¿Qué es más importante, un kilo de oro o treinta kilos? La respuesta es obvia.

- Siguiendo el mismo razonamiento: ¿Quién es más importante, yo que soy uno o los demás que son muchos?

- Al igual que no hago diferencias entre el dolor que siento en mi mano y el que siento en mi pie, tampoco debería hacerlas entre "mi" dolor y "su" dolor, pues en ambos casos es idéntico.

- Shantideva me dice: *De la misma manera que considero mis extremidades como miembros del cuerpo, ¿por qué no considerar a todas las criaturas como miembros de la vida?*

- En consecuencia, al igual que me esfuerzo en conseguir mis objetivos y huyo del dolor, me esforzaré con todas mis fuerzas en evitar que ellos sufran y haré todo cuanto pueda por procurarles felicidad.

Meditación de emplazamiento: objeto sobre el que concentrar la mente

Una vez revisados los puntos previos, busca en tu interior y comprueba si se ha producido tan sólo una chispa de esta transformación: *los demás son igual de importantes que yo mismo.* Mantén este sentimiento tranquilo y plácido en tu consciencia con la ayuda de la atención y la vigilancia.

DESVENTAJAS DEL EGOÍSMO

Con la meditación anterior se persigue equilibrar nuestra mente, siempre dominada por la tendencia de anteponer nuestra felicidad a la de los demás. Ahora podemos avanzar un poco más hacia nuestro objetivo de conseguir la bodhichita y descubrir que el egoísmo es un veneno sin el que viviríamos más felices. La ignorancia que se aferra a un yo autoexistente es la raíz de toda emoción aflictiva; consiste en aferrarse a un yo inexistente; el egoísmo se enfoca en dicha entidad inexistente y la estima de manera obsesiva. Los dos engaños se alimentan mutuamente y refuerzan el surgimiento incesante de otras aflicciones mentales.

DESVENTAJAS DEL EGOÍSMO

Meditación analítica

- La fuerza incontenible del egoísmo impide igualarme con los demás. Me insiste una y mil veces: "primero tú, los demás después". Por culpa de esta actitud, miento, codicio, envidio y despierto otras actitudes igualmente nocivas que me alejan, tanto de los demás como de la felicidad.

- El egoísmo es culpable de todas mis experiencias negativas, las que vivo en el presente y las que viviré en el futuro.

- Por culpa del egoísmo siento envidia de los que están por encima de mí, compito con mis iguales y desprecio a los inferiores.

- Por su culpa caigo en la depresión cuando me critican y me lleno de vanidad cuando me alaban.

- Es el motor que me lleva a cometer cualquier acto negativo con el fin de conseguir mis deseos.

- Es lo que me aparta de la práctica del Dharma y arruina mi vida.

- De hecho, detrás de todo malestar siempre encontraré la sombra de mi propia actitud egoísta.

Meditación de emplazamiento: objeto sobre el que concentrar la mente

Tras una profunda reflexión, determínate así: el egoísmo es el peor de todos los venenos, porque me engaña, parece estar a mi favor pero en realidad me perjudica a corto y largo plazo: *tengo que librarme de él.*

Beneficios de estimar cambiarse por los demás

Una vez convencidos de que nuestra actitud egoísta no reporta beneficios sino todo lo contrario, pasamos a contemplar los beneficios de estimar a los demás. Recapacitamos acerca de su amabilidad para con nosotros y de todo lo que disfrutamos gracias a ellos. Seguidamente, nos intentamos cambiar por ellos.

BENEFICIOS DE ESTIMAR A LOS DEMÁS, CAMBIARSE CON LOS DEMÁS

Meditación analítica

- Estimar a los demás en lugar de a mí mismo es una fuente de bendiciones, aunque nunca hasta ahora me lo habría planteado. Si estimo a los demás me resultará difícil actuar de forma perniciosa.

- En consecuencia, evitaré involucrarme en actividades que les puedan perjudicar.

- Crearé menos karma negativo, lo cual me hará más feliz, a corto y a largo plazo.

- Estimar a los demás será innato en mí cuando comprenda su inmensa bondad y amabilidad.

- Para ello debo preguntarme: ¿Quién me ha proporcionado el cuerpo del que gozo actualmente? Mis padres.

- ¿Quién me enseñó a caminar, vestirme, lavarme, comer y comportarme? Probablemente mis padres, en especial mi madre.

- ¿Quién me enseñó a leer, a escribir, y me proporcionó la preparación intelectual de la que gozo? Mis profesores.

- ¿Quién construyó la casa que es mi hogar? Seres que ni tan siquiera conozco.

- ¿De dónde procede la comida que como? Del trabajo y esfuerzo de muchos seres en los que no me digno ni a pensar.

- Para conseguir alcanzar el estado Iluminado he de practicar ética, paciencia, generosidad y desarrollar muchas otras cualidades imposibles de alcanzar sin la cooperación de los demás.

- En consecuencia: ¿A quién debo mi Iluminación futura? A todos los seres que me rodean.

- La razón por la que ahora gozo de un renacimiento humano es haber evitado los diez actos negativos en mis vidas previas y todos ellos han dependido de los demás.

- En definitiva, por minuciosa que sea mi investigación nunca podré encontrar a un ser que no haya sido amable conmigo.

Meditación de emplazamiento: objeto sobre el que concentrar la mente

Reflexionar en las desventajas del egoísmo, las ventajas de estimar a los demás y comprender su amabilidad produce el cambiarse con los demás; si hasta ahora, de manera espontánea sentías una gran estima hacia tu "yo", tras la triple reflexión, el sentimiento de estima seguirá con la misma fuerza, pero en lugar de estar dirigido al "yo", se dirigirá espontáneamente a todos los seres que te rodean. *Estimo a los demás con la misma intensidad que estimo a mi ser.* Mantén de manera unipuntualizada este estado de consciencia.

Tomar y Dar

Una vez despertada la estima hacia los demás, resultará fácil generar amor y compasión. La técnica que se usa aquí para ello es conocida como "tomar y dar". La compasión es el deseo de que todos los seres se aparten del dolor y sus causas. Se consigue por medio de tomar. El amor consiste en desear que todos los seres encuentren la felicidad así como sus causas. Se consigue por medio de dar. Dar y tomar es una técnica que puede usarse en cualquier momento del día. Si se usa al principio de las meditaciones es una práctica excelente para reforzar nuestra motivación. Asimismo, es el método para transformar las circunstancias adversas en el camino espiritual. Hay diversas visualizaciones para hacer la práctica de tomar y dar, pero aquí explico la más simple. Es preferible, al principio, practicarlas por separado durante un tiempo. Cuando estés más familiarizado las puedes combinar con tu aliento, volviéndose así en una práctica bendita y poderosa, ya que tu ritmo respiratorio te recordará el amor y la compasión, lo cual proporcionará paz y claridad a tu mente.

TOMAR

Meditación analítica

Para *tomar* con compasión piensa:

- Todos los seres experimentan sufrimiento y no dejan de producir las causas para seguir experimentándolo en el futuro.

- ¡Qué maravilloso sería que dejasen de experimentar todo dolor!

- ¡Yo voy a hacerlo posible!

Estos pensamientos deben imbuir tu mente para pasar al punto siguiente: con tu inhalación, absorbe por medio de la imaginación todos los sufrimientos de los seres conscientes, en forma de humo negro. Dicho humo llega a tu corazón, donde imaginas tu egoísmo bajo el aspecto de una roca y cada vez que el humo de la inhalación la toca, se desintegra en mil pedazos. El sufrimiento que has de absorber es todo el que te sea posible imaginar: el producido por la vejez, las frustraciones, la pobreza, la depresión, la soledad, las enfermedades, y demás. Se debe entender claramente que el objetivo de esta práctica no es, en realidad, físicamente sacar y evitar el sufrimiento de los demás, sino que a través de imaginarlo se produzca un aumento real de tu compasión.

Meditación de emplazamiento: objeto sobre el que concentrar la mente

Una vez te has ejercitado en la práctica de tomar el sufrimiento de los demás con compasión, concéntrate en este pensamiento: *todos los seres se han liberado de dolor y mi egoísmo ha desaparecido.* Aunque no sucede en realidad, imaginarlo crea las causas para que un día sea realidad.

DAR

Meditación analítica

Para *dar* con amor piensa:

- ¿Experimentan todos los seres que me rodean, y a los que tanto estimo, felicidad alguna?

- Es posible que a veces se sientan bien, pero en realidad, su felicidad no es muy duradera.

- Como yo, desean estar bien y experimentar, no sólo la felicidad eterna que surge cuando se elimina el odio, el apego y la ignorancia de nuestro interior, sino la felicidad cotidiana ordinaria.

- ¡Yo voy a hacerlo posible!

Estos pensamientos de amor deben imbuir tu mente para pasar al punto siguiente: mi exhalación sale bajo el aspecto de rayos de luz blanca que proporciona a los seres todo lo que desean a nivel temporal –dinero, bienes, amistades, etc.–, y a nivel último –la felicidad de la Iluminación–. Imagino que hago posible este deseo. Como era el caso con el tomar, aquí no has de creer que el objetivo primordial de este ejercicio sea, aquí y ahora, hacer que los demás tengan felicidad, sino más bien, y de momento, mejorar, intensificar tu amor y generosidad.

Meditación de emplazamiento. Objeto sobre el que concentrar la mente

Concéntrate en que, *todos los seres experimentan la felicidad y yo lo he hecho posible. Mi avaricia ha desaparecido de mi interior.*

LA BODHICHITA

Una vez ejercitados en la práctica de dar y tomar seguimos adelante. Durante la meditación previa hemos imaginado que se elimina el dolor y se proporciona bienestar a los demás, pero *sólo* ha sido un ejercicio para mejorar el propio amor y compasión; la realidad es que los seres siguen sufriendo. Para que estos deseos se vuelvan reales es preciso despertar la bodhichita: el deseo de llegar a la Iluminación para llevar a todos los seres a la Iluminación.

BODHICHITA

Meditación analítica

- Es cierto que con la práctica de tomar y dar he mejorado mi compasión y amor. Sin embargo, todos los seres siguen sumidos en la ignorancia, ya que no comprenden el mecanismo que les perpetúa en samsara.

- ¿Quién va a ayudarles? Yo deseo adoptar dicha responsabilidad. Sin embargo, ¿qué puedo hacer actualmente por ellos?

- Puesto que no tengo el poder para protegerme a mí mismo, ¿cómo voy a poder proteger a los demás?

- ¿Quién tiene poder para hacerlo? un Buda, ya que al estar más allá del samsara tiene todo el poder y conocimiento necesarios.

Meditación de emplazamiento: objeto sobre el que concentrar la mente

Tras contemplar estos puntos adopta la siguiente determinación: *Deseo alcanzar el estado de Buda para ser de beneficio temporal y último a todos los seres conscientes.* Mantén la mente teñida del aroma de la bodhichita durante tanto tiempo como puedas.

Citas

En primer lugar me esforzaré por igualarme con
los demás; protegeré a los demás como a mí
mismo porque todos deseamos el placer y nos
desagrada el dolor.

Aunque el cuerpo consta de partes y aspectos
diferentes, como las manos y las piernas, protejo
un solo cuerpo. De igual modo debería proteger a
los seres conscientes que experimentan placer
y dolor y, como yo, tienen el deseo de ser felices.

Debo acabar con el dolor ajeno porque su sufrimiento
es igual al mío; debo beneficiar a los demás porque son
seres conscientes, igual que yo.

Por culpa de desear el beneficio propio has pasado
por penurias a lo largo de incontables eones;
esta actitud sólo te ha proporcionado desgracias.

Durante años me has tratado así y por ello he sufrido,
pero ahora recordando estas penalidades, superaré todo
pensamiento egoísta. Si en mi propio beneficio perjudico
a los demás me veré atormentado en los reinos infernales;
si para el beneficio de los demás me perjudico,
me veré rodeado de magnificencia.

La Vacuidad

En el capítulo noveno de *La Guía a la forma de vida de un Bodhisatva*, Shantideva señala que el objetivo de todo lo que enseñó el Buda es ayudarnos a entender el secreto último de la mente: la sabiduría que comprende la naturaleza última de la realidad o vacuidad. Este es el único antídoto a la ignorancia que se aferra a la auto existencia: la percepción y concepción errónea que nos vemos forzados a proyectar sobre el yo y el resto de fenómenos.

Tenemos un sentimiento innato e incorrecto del yo, denominado "visión engañosa de lo compuesto y transitorio", responsable del odio, el apego, y todos sus derivados. Dicha visión engañosa es un factor mental que observa el yo convencional –que existe porque es imputado en dependencia de nuestro cuerpo y mente–, sin embargo lo percibe y concibe erróneamente como una entidad auto existente, independiente de cualquier otro factor para su subsistencia, un yo intrínseco –la manera en que creemos que existimos–. Una cita de Chandrakirti en el *Madhyamakvatara* dice:

> La sabiduría comprende que todas las emociones
> aflictivas surgen de la visión de lo compuesto y transitorio.
> Tras entender que su objeto es el yo,
> los yoguis niegan el yo.

Aquí, "su objeto es el yo" se refiere al yo que existe, el convencional, es decir, la imputación válida que se puede hacer sobre la base correcta: cuerpo y mente. "Los yoguis niegan el yo" significa que uno sólo ha de refutar el yo que tiene una existencia inherente, el que confundimos en base al yo convencional.

La esencia de las prácticas del nivel inicial consistía en controlar nuestros actos. En el segundo nivel, además de identificar diferentes niveles de sufrimiento reconocíamos que las emociones aflictivas y los actos son sus causas. Quien desea seguir el tercer nivel, refina su motivación con la bodhichita y desarrolla la perfección de la sabiduría, la percepción especial que comprende la naturaleza real de los fenómenos: la compatibilidad entre la naturaleza convencional y la última, el hecho de que la ley del karma y la vacuidad son totalmente veraces.

Para ayudarnos a entender la vacuidad, el Buda dio diferentes enseñanzas, aparentemente contradictorias, cuyo único objetivo era el de refinar la percepción que tenemos, no sólo de nuestro yo, sino también de la realidad.

Como preliminar para abordar la vacuidad trataremos, en primer lugar, de debilitar el aferramiento a la permanencia –creer que todo lo que nos rodea es estático, que el yo es una entidad que va de vida en vida, sin sufrir cambio alguno–. Este defecto, aunque más burdo en relación a la ignorancia que se aferra a la entidad auto existente, es muy impregnante, y comprenderlo aligera el peso de las visiones erróneas.

LA TRANSITORIEDAD BURDA

Meditación analítica

- Hace cinco o diez años mi cuerpo no era igual al que tengo actualmente.

- No gozo de la misma vitalidad, y mi aspecto físico y el de mis padres y amigos de la infancia ha cambiado.

- Las ideas que defendía hace cinco, diez o quince años ya no son iguales a las actuales.

- La relación con mis padres, hijos y amigos ha cambiado.

- ¿Dónde está aquel amigo querido de la infancia? ¿Qué relación tengo con él en la actualidad?

- Todo cambia, pero no me percato de ello ni vivo en consecuencia.

- Nada permanece estático, pero yo actúo como si no fuese cierto.

Meditación de emplazamiento: objeto sobre el que concentrar la mente

Tras reflexionar en estos ejemplos y otros relevantes a tu propia vida, *observa el cambio burdo en tu cuerpo, tu mente y lo que te rodea.* Mantén esta percepción con atención y vigilancia.

LA TRANSITORIEDAD SUTIL

Meditación analítica

- Aparentemente la naturaleza de todas las cosas es la de nacer, permanecer y desaparecer o degenerar; sin embargo, detrás de esta realidad se esconde otra aún más profunda: nada permanece ni un instante, todo cambia, segundo a segundo.

- Cada inhalación está subdividida en muchos diminutos instantes y la circulación de mi sangre fluye *constantemente* así como los latidos de mi corazón.

- Mi cuerpo, así como todos sus componentes, cambian segundo a segundo.

- El medio ambiente, aunque de manera imperceptible a los sentidos, también cambia constantemente.

- La mente tampoco está exenta de este cambio microscópico.

- Si la observo bien seré consciente del surgimiento incesante de pensamientos, sensaciones, recuerdos, proyectos, odio, felicidad, tristeza, rencor, pena, desprecio, esperanza, placer, indiferencia... Cambia, instante tras instante.

Meditación de emplazamiento: objeto sobre el que concentrar la mente

Tras observar detenidamente la danza de la transitoriedad sutil, concentra la mente *en el cambio que acontece instante a instante, imperceptible y microscópico.* Directamente percibes dicho cambio sutil pero, de manera indirecta, comprendes un secreto especial y liberador: *el yo estático al que, ciertamente, te aferras es una invención de la ignorancia que se aferra a la permanencia ¡no existe en absoluto!*

Esta meditación es la puerta de entrada que nos descubrirá un secreto aún más profundo y liberador: que el yo carece de auto existencia.

AUSENCIA DE EXISTENCIA INHERENTE O VACUIDAD DEL YO

Obviamente todos tenemos un yo que usamos para decir "yo voy al cine, voy a trabajar, voy a veranear o voy a comprar". Y, efectivamente, hay alguien que lleva a cabo estas actividades. Meditar en la vacuidad no pretende eliminar ni negar la validez de todas estas actividades ni de que, por supuesto, haya alguien, un yo, que las lleve a cabo, sino *tan sólo* la cualidad ficticia de auto existencia con que vestimos tanto al yo como a los objetos con que nos relacionamos.

En base al cuerpo y la mente, válidamente, se puede decir "yo hago esto o aquello". Este yo suave, que sirve para señalar lo que se hace en un momento dado existe a nivel convencional. El problema es que siempre lo aprehendemos poseyendo una cualidad falsa: una existencia independiente, auto existente. Aunque veamos y percibamos árboles que se mueven cuando viajamos en tren, sabemos que no se mueven, y por ello dicha percepción no nos confunde ni nos impulsa a crear actos que, obviamente serían erróneos. En este ejemplo, viajar en el tren es parecido a la influencia de la visión de lo compuesto y transitorio. Ver que los árboles se mueven es como ver la realidad de modo auto existente, y actuar en base a ello sería como la absurdidad de actuar creyendo la percepción de que los árboles sí se mueven.

Esta confusión básica impide relacionarnos con el yo de manera apropiada. Este filtro borroso e incautador es lo que pretende eliminar la meditación en la vacuidad, y el vacío que surge tras eliminarlo es la naturaleza última o vacía del yo.

OBJETO DE NEGACIÓN

Meditación analítica

- En base al yo convencional, que es dependiente, percibo y concibo un yo independiente y que existe por su propio lado.

- Esta es una mente errónea porque dicho yo, ni existe, ni ha existido, ni existirá y por ello lo he de negar.

- El primer paso para eliminar ese yo auto existente ficticio, es saber qué aspecto tiene. Para ello voy a recordar ejemplos en mi vida en que apareció más fuertemente de lo normal.

- Por ejemplo, quizás alguien me faltó al respeto y de repente pensé "¿Por qué me hace esto a *mí?* ¡Yo no lo merezco!

- En estos casos me relaciono con un yo que en absoluto parece depender de mi cuerpo, mente u otras condiciones.

Es muy importante tratar de cazar al vuelo la naturaleza del yo auto existente. Una vez atrapado te concentras en él hasta quedar plenamente convencido de que ésa debería ser su única forma posible de existencia. Sólo cuando sabes qué aspecto tiene podrás investigar si existe o no de la manera en que aparece. En esta meditación, la mente es el sujeto y el objeto es el yo auto existente. Concéntrate en la manera en que te aferras a ese yo auto existente. Luego, sigue la contemplación con las siguientes secciones.

ESTABLECER LA IMPLICACIÓN

Una vez detectado el yo auto existente y cómo nos aferramos a él, y convencidos de que ésa es su única naturaleza, pasamos al segundo paso que consiste en reflexionar en el hecho siguiente:

- Si este yo que aparece tan vívidamente existe, sólo puede hacerlo siendo uno con los agregados que lo forman (cuerpo y mente), o diferentes de ellos. No existe una tercera alternativa.

(Medita hasta convencerte de ello)

ESTABLECER LA AUSENCIA DE SINGULARIDAD

Seguidamente pasas a investigar si existe siendo uno con el cuerpo y la mente. Si el yo es uno con los agregados toparé con varias contradicciones:

- Habría cinco yos porque consto de cinco partes: el cuerpo, la sensación, el discernimiento, los factores composicionales y la consciencia.

- Si el yo es uno con el cuerpo, ¿es el yo la cabeza? la pierna derecha, la izquierda, quizás el tronco, la piel, la carne o los huesos, ¿dónde está el yo?

- Quizá el yo es la sensación. En este caso ¿cuál de ellas? ¿la agradable, la desagradable, la neutra?

- Si el yo es uno con la consciencia, puesto que ésta se compone de muchas partes diferentes, implicaría que hay tantos yoes como partes de consciencia.

- ¿Es el yo la inteligencia, la rectitud, el odio, el apego, la envidia, el amor, la atención, u otros factores mentales?

- Todos estos factores mentales, aparecen y desaparecen en dependencia de causas y condiciones.

- ¿Dónde puede morar el yo auto existente? Si ni el cuerpo ni la mente por separado son el yo ¿pueden serlo el cuerpo y la mente juntos? Es absurdo, si por separado no son el yo ¿cómo van a serlo cuando están juntos?

ESTABLECER LA AUSENCIA DE PLURALIDAD

Si el yo no existe siendo uno con el cuerpo y la mente, por

separado o juntos, la única alternativa posible es que exista como una entidad diferente de ellos. Reflexiona así:

- Si el yo existiese de manera inherente como algo diferente de mis agregados, sería una entidad independiente y sin relación alguna con ellos.

- Es decir, podría decir "yo" sin que éste dependiese en absoluto de mi cuerpo o mente. Pero siempre que digo: "yo me siento viejo, yo estoy enfermo, yo hice esto, aquello", es en *dependencia* de muchos otros factores.

- Por tanto, es obvio que el yo depende de sus partes y, en consecuencia, no puede existir como una entidad totalmente diferente de ellas.

Meditación de emplazamiento: objeto sobre el que concentrar la mente

Tras reflexionar en estos puntos, el yo auto existente, la comprensión habitual del yo, desaparecerá por completo apareciendo en su lugar: *un espacio vacío muy acogedor, sin límites, ni direcciones*. Este vacío es la ausencia de la visión distorsionada del yo.

Es importante mantener tanto la *apariencia* parecida al espacio, como la *comprensión* de que dicho espacio es el vacío que ha dejado la refutación del yo auto existente. Cuando las pierdas, reflexiona de nuevo en los puntos previos para volver a generarlas. Esta meditación no debería confundirse con "dejar la mente en blanco o en la nada", obviamente es algo más.

Citas

Cultivar antídotos a las emociones aflictivas, por ejemplo desarrollar paciencia para contrarrestar al enfado o la frustración y desarrollar concentración para contrarrestar el pensamiento discursivo es como cortar las ramas de un árbol Venenoso. Sin embargo, desarrollar la realización de la verdad de la vacuidad como antídoto a nuestros engaños es como cortar el árbol venenoso, desde su raíz. *VII Dalai Lama*

Debemos llevar a cabo esta observación del yo hasta que, de manera clara y precisa, identifiquemos la apariencia del yo inherente tal y como es asido por nuestra mente innata de aferramiento.
Lama Tsong Khapa

Al entender la interdependencia entendemos la vacuidad, al entender la vacuidad entendemos la interdependencia: ésta es la visión que mora en el medio, y que está más allá de los atemorizantes precipicios del eternalismo y el nihilismo.
VII Dalai Lama

La manera en que las personas y las cosas parecen existir aparte de las etiquetas proyectadas es una distorsión creada por la mente engañada. Si miramos la raíz de las cosas, la vacuidad se entenderá claramente. *VII Dalai Lama*

Una imagen reflejada en un espejo y un arco iris en el cielo dejan su impresión en la mente, pero en realidad no son lo que parecen. Mira profundamente este mundo y comprende lo ilusorio, la creación de un mago. *VII Dalai Lama*

Todas las cosas que hay en el mundo y en el más allá son ilusiones creadas por el propio pensamiento. Aferrarse a ellas distorsiona aún más la percepción. Deja de aferrarte y observa las cosas tal y como son. *VII Dalai Lama*

Los objetos en los sueños son falsos, no obstante
afectan a la mente. Del mismo modo, la verdad
convencional es falsa, aún así la ley de causa y
efecto es infalible. Por tanto, observa con cuidado
lo que se debe y no hacer en la práctica.
VII Dalai Lama

DEVOCIÓN AL MAESTRO

En los textos clásicos de *Lam Rim*, la devoción al Maestro es el punto inicial de contemplación, la raíz del camino y la base de todo desarrollo espiritual. Debido a que provoca malestar y resistencia en muchos occidentales y es fácilmente mal interpretado, lo he dejado para el final.

Si el lector ha intentado practicar las distintas meditaciones explicadas hasta aquí, comprenderá que ningún libro o manual podrá nunca sustituir las instrucciones y consejos directos de un Maestro experimentado.

A lo largo del sendero de la meditación uno se ve asaltado por dudas, obstáculos e interferencias diversas. Por ejemplo, 1) para desarrollar concentración requerimos la guía de alguien que posea un conocimiento claro del sendero que lleva a ella; 2) para discernir con claridad el objeto de negación, lo que se niega en la meditación de la vacuidad, precisamos asimismo, la instrucción de alguien competente. Los grandes practicantes que han meditado en la vacuidad coinciden en la dificultad de detectar con precisión lo que se debe negar. No se debería negar demasiado ni demasiado poco. La capa de auto existencia con que revestimos la realidad tiene que ser eliminada, pero si la escisión no es hecha en el sitio correcto, o bien eliminaremos parte de lo que es meramente existente, o dejaremos vestigios de auto existencia. En ambos casos estaríamos lejos de la visión correcta del Camino Medio. Es claro pues que la relación con un Maestro cualificado de carne y hueso es muy importante. Gueshe Potowa decía:

> Si necesitas un maestro para aprender algo tan
> simple como ser carpintero, ¿por qué no vas a
> necesitar uno para mostrarte cómo alcanzar la
> Iluminación?

No hay nadie que haya aprendido algo sin ayuda. Toda nuestra educación ha dependido de la amabilidad, el esfuerzo y la experiencia que nuestros profesores ordinarios han deseado compartir con nosotros.

Muchos rechazan la necesidad de que alguien tenga que enseñarles el sendero espiritual porque temen correr el peligro de caer en un estado de dependencia. Este punto de vista no obstante es muy cuestionable. Cuando uno enferma de gravedad, su situación de dependencia con relación al especialista que le trata no le impide pedirle ayuda. Al contrario, escucha con atención lo que le dice y acepta, incluso ciegamente, su receta. Si se recupera de su enfermedad, alabará sin cesar las buenas cualidades del médico. Esta actitud es parecida a la que adopta un seguidor espiritual ante su Maestro porque sabe que es el único médico que le ayudará a curar la peor enfermedad: las emociones aflictivas engañosas y los actos erróneos.

No obstante, antes de hablar sobre los convenientes o inconvenientes de seguir a un Guía Espiritual, deberíamos preguntarnos si somos un buen estudiante de Dharma, caracterizado con las siguientes cualidades:

- Ser sincero.
- Inteligencia para discernir entre enseñanzas correctas e incorrectas.
- Concentración al escuchar enseñanzas.
- Interés en eliminar los propios defectos.

En definitiva, ser humildes y receptivos para aprender sin cesar hasta llegar a la Iluminación. Si cuando estamos enfermos de gravedad no deseamos ir al médico ni tomar medicina alguna, difícilmente nos recuperaremos. Igualmente, desde tiempo sin principio venimos experimentando insatisfacciones, y la causa es no haber encontrado a un Guía Espiritual o no haberlo seguido adecuadamente. Por el contrario, confiar en un Maestro auténtico es la fuente de donde surgen todas nuestras buenas cualidades y el mejor método para llenar de energía positiva la mente.

Se deben considerar tres puntos principales antes de escoger a alguien como Maestro: 1) si lo que enseña nos puede llevar a o no a la Liberación, 2) si sus enseñanzas provienen de un linaje auténtico y 3) según el gran Maestro indio del siglo séptimo Dharmakirti una de las cualidades más importantes es que enseñe con precisión qué sendero abandonar y qué sendero adoptar para llegar a la Iluminación.

Por supuesto que hay otros, como comprobar su ética, concentración y sabiduría, sin embargo, al ser todos ellos cualidades internas, no es seguro que nuestros juicios al respecto sean siempre acertados. De cualquier modo, una vez elegido a alguien como Maestro hemos de considerar que posee todas las cualidades necesarias para dirigirnos en el sendero espiritual. Según la tradición tibetana, es importante considerar como alguien muy especial incluso a la persona que nos enseñó a leer y a escribir. ¿Qué sería de nosotros sin su amabilidad?

Una anécdota en el *Lam Rim* de Pabongka así lo ilustra. A pesar de que un monje practicaba intensamente la meditación, no surgía realización o experiencia alguna. Desesperado, fue a visitar a su Maestro que, tras indagar, le preguntó: "¿Colocas a todos tus Maestros en el Campo de Mérito?". El monje respondió que sí. No obstante el Maestro sabía que omitía en su visualización a alguien que había abandonado su ordenación de monje —algo muy mal visto en la sociedad tibetana— y que le había enseñado el alfabeto. El Maestro le dijo: "Has de volver a incluir a aquel monje, ya que sin él ni tan siquiera podrías entender el Dharma". Así lo hizo y las comprensiones espirituales empezaron a germinar.

Los dos puntos principales para seguir al Maestro son adiestrarnos en verlo como al mismo Buda y respetarle recordando su gran amabilidad.

Respetar a nuestro Maestro no entraña hacer ciegamente todo lo que nos dice. Tanto el presente Dalai Lama como muchos textos al respecto nos advierten del peligro de no usar la razón para discernir. El Maestro es una *representación* de todas las cualidades que tiene un ser Iluminado pero, como muchos textos también exponen claramente, el Maestro puede ser alguien que aún no ha alcanzado el sendero de la visión –donde ya se ha visto directamente la vacuidad–, puede ser también alguien que ya está en el sendero de la visión o en el de la meditación, en los que, a pesar de haber visto la vacuidad directamente, aún no es un ser liberado. Y, por supuesto, puede ser también alguien Iluminado. El abanico de posibilidades es extenso. En cualquier caso se requiere cautela en tratar de "ver todo lo que dice el Guru como puro." En los *Tres Principios del Budismo: un comentario a los Tres Senderos Principales del Budismo* Pabongka Rimpoché aconseja claramente "hacer todo lo que me pida el maestro siempre que no sea éticamente incorrecto". Si en estos textos aparecen estas medidas de precaución, nosotros nunca deberíamos dejarlas de lado.

En realidad es muy fácil tener una relación a distancia con un Maestro, algunos dicen, "telepáticamente" o "en sueños." Otra cosa muy diferente es tener una relación cotidiana. En general, es fácil tener una relación "idealizada" con un Maestro, pero entonces se corre fácilmente el peligro de que el estudiante no contacte verdaderamente con lo que de verdad representa un Guru real; podría darse el caso de que el estudiante se relacionara con su propia ficción mental acerca de quién o qué es el Guru, en cuyo caso faltaría la "comunión" necesaria que hace de la relación Maestro-discípulo la raíz del sendero.

Para evitar caer en el sendero de la fantasía neurótica deberíamos usar el termómetro que mide la autenticidad de la relación: ¿No estaré cayendo en la adulación fácil, en el culto a la personalidad? ¿No me estaré relacionando con las fantasías que imputo en la figura del Maestro en vez de con lo que realmente es y debería ser su función?

Un Maestro es una fuente de conocimiento espiritual, pero sus opiniones relativas a muchas otras áreas de la vida en ocasiones pueden ser acertadas, pero en otras pueden ser erróneas, lo cual en absoluto hará de él un mal Maestro espiritual.

En definitiva, la devoción al Maestro nunca debe hacer de nosotros ovejas mansas que esperan la guía salvadora del pastor. Cooperamos con el Maestro para llegar a la Iluminación y si, por el camino, nos pide algo que nos resulta difícil de aceptar o practicar, podemos y debemos negarnos a ello, tal y como viene claramente expresado en los *Cincuenta Versos de la Devoción al Guru* y en el *Sutra del Vinaya*.

CÓMO SEGUIR AL GUÍA ESPIRITUAL MENTAL- MENTE

Meditación analítica

- Si deseo obtener experiencias espirituales es imprescindible que considere a mi Guía Espiritual como a un ser muy elevado.

- Gueshe Potowa decía "La inspiración del Maestro no es algo que surja de él, depende de cómo lo vea el estudiante". Por tanto, que reciba o no sus bendiciones está en mis manos; depende de la percepción que tenga de él.

- El corazón de la devoción al Guru es corregir constantemente las visiones ordinarias que proyecto sobre mi Maestro.

- Es por tanto mi responsabilidad. Es un trabajo que me dio Buda Vajradhara para acercarme rápidamente a la Iluminación. Él mismo dijo "En el futuro tomaré la forma de Maestros Espirituales. Cuando este tiempo llegue, sé consciente de que ellos son yo mismo y muéstrales el mismo respeto que me mostrarías a mí".

- Si siento devoción y respeto sincero hacia mi Guía Espiritual recibiré la energía Iluminada de los Budas.

- Sakya Pandita lo explicó de esta manera: "Aunque los rayos del sol puedan ser calientes, sin una lupa, la paja en el suelo no arderá; del mismo modo, aunque los Budas emanen constantemente su energía e inspiración, ésta no entrará en el corazón del discípulo sin el intermediario del Guía Espiritual".

- ¿Por qué necesito las bendiciones de los Budas? Porque transforman mi mente y la vuelven apta para el desarrollo espiritual.

- Transforman mi consciencia en un campo donde sembrar las semillas que producirán la cosecha de la renuncia, la bodhichita y la visión correcta de la vacuidad.

- Mis Guías Espirituales llevan a cabo ahora el mismo trabajo que haría el propio Sakyamuni Buda si estuviera entre nosotros: enseñar el Dharma.

Meditación de emplazamiento: objeto sobre el que concentrar la mente

Contempla y reflexiona en todos estos puntos hasta despertar *respeto, fe y determinación de poner en práctica los consejos espirituales de tu Maestro.*

Citas

Los santos Maestros descartan sus propios
intereses como si fuesen hierba y caminan por
el sendero que siempre beneficia a los demás;
sin embargo les consideramos como espíritus
malignos. Una escena melancólica,
menospreciamos a la vaca que nos alimenta.
VII Dalai Lama

Pretender mostrar el sendero de la libertad a otro,
cuando la propia mente no es una con el Dharma
sirve únicamente para agotarse a uno mismo
y a los demás. Una escena melancólica,
sólo te engañas a ti mismo.
VII Dalai Lama

Sin confianza ni respeto en quien te enseña, nunca
podrás obtener una comprensión real de lo que te
ha enseñado ni experiencia alguna.
Triyang Rimpoché

Un Collar para los Afortunados

Visualizar los objetos de refugio

Frente a mí en el espacio, en un amplio y elevado trono adornado con joyas y sostenido por ocho leones majestuosos, sobre cojines de loto, sol y luna, se sienta mi bondadoso Maestro Raíz. Aparece bajo la forma de Sakyamuni Buda Su cuerpo es dorado y una protuberancia en la coronilla adorna su cabeza. Tiene un rostro y dos brazos. Su mano derecha adopta el gesto de tocar la tierra y la izquierda el gesto de la meditación, sosteniendo un recipiente para pedir limosna repleto de néctar divino. Su cuerpo brillante, adornado con las marcas mayores y menores, viste la túnica azafranada de un monje. Se sienta con las piernas cruzadas en la posición diamantina, rodeado por un halo de luz que irradia su propio cuerpo.

Le rodean una asamblea de Maestros directos e indirectos, Deidades tutelares, Budas, Bodhisatvas, Héroes, Dakinis y Protectores del Dharma. Cada uno de estos seres tiene frente a sí una mesa exquisita donde descansa una radiante escritura de Dharma que contiene sus enseñanzas.

El Campo de Mérito me mira con agrado. Recuerdo las virtudes y la compasión que poseen todos estos seres y genero una gran fe en ellos.

La Meditación del refugio

Desde tiempo sin principio, yo y todos los seres conscientes, mis madres, hemos experimentado los sufrimientos generales del samsara, y de manera especial los numerosos sufrimientos de los tres estados inferiores. Aun así, parece difícil prever un fin a este dolor.

Pero ahora he conseguido esta extraordinaria forma humana dotada con el ocio y los dones –tan difícil de encontrar y a la vez tan significativa–. También he encontrado la preciosa y rara enseñanza del Buda. Si no emprendo el camino para conseguir el objetivo de la Budeidad, el estado de liberación suprema donde habrá sido abandonado todo el dolor, tendré que seguir experimentando los distintos sufrimientos del samsara según mi karma.

Puesto que el poder para liberar a los seres de estos sufrimientos está en manos de los Gurus y de las Tres Joyas situadas frente a mí, en ellos tomo refugio y me determino a alcanzar la Budeidad perfecta en beneficio de todos los seres, mis madres.

(Recita tantas veces como puedas, o al menos tres veces)

> Voy por refugio a los Gurus
> Voy por refugio a los Budas
> Voy por refugio al Dharma
> Voy por refugio a la Sangha

La bodhichita

Que a través de los méritos que acumulo practicando la generosidad y las demás perfecciones pueda alcanzar el estado de Buda para poder beneficiar a todos los seres conscientes.

Los Cuatro Pensamientos Inconmensurables

Qué maravilloso sería que todos los seres conscientes permanecieran en la ecuanimidad evitando el apego a los que tienen cerca y el odio a los que están lejos.

Qué maravilloso sería que todos los seres conscientes encontraran la felicidad y su causa.

Qué maravilloso sería que todos los seres conscientes estuvieran libres del sufrimiento y de su causa.

Qué maravilloso sería que todos los seres conscientes jamás se vieran separados de la felicidad de los estados más elevados y de la felicidad suprema de la liberación.

Bendecir el suelo y los ofrecimientos

Que toda la tierra sea transformada en un lugar completamente puro, tan suave como el lapislázuli y liso como la palma de la mano.

Que todo el reino del espacio se llene de ofrendas de dioses y humanos, materialmente dispuestas y mentalmente creadas, y de nubes de sublimes de ofrendas de Samantabhadra.

Visualizar el Campo de Mérito

¡OH Protector de todos los seres sin excepción, que subyugas a las coléricas huestes del mal, que conoces perfectamente todas las cosas, tú y tu séquito acudid por favor a este lugar!

(El Campo de Mérito se refiere a la asamblea de seres santos. Aquí imagina que todos ellos están delante de ti en el espacio para rezarles las siguientes oraciones. Se denomina "Campo de Mérito" porque gracias a él siembras semillas positivas)

La oración de las Siete Ramas y el ofrecimiento del Mandala

Rindo homenaje al objeto de refugio que todo lo abraza, precioso Buda, Maestro incomparable. Precioso Dharma, refugio incomparable. Preciosa Sangha, Guía Espiritual incomparable.

Hago ofrendas, materialmente dispuestas y mentalmente creadas.

Confieso todas las acciones negativas creadas desde el sin principio de los tiempos.

Me regocijo de todas las virtudes de los seres superiores y ordinarios.

Por favor, permaneced con nosotros hasta el vacío del samsara.

Girad la rueda del Dharma para los seres migratorios.

Dedico mis propias virtudes y las de los demás para el logro de la Iluminación.

Os ofrezco esta base con flores y ungida de incienso con el Monte Meru, los cuatro continentes, el sol y la luna, percibida como una tierra pura de Buda. Que todos los seres puedan disfrutar de una tierra pura.

Mi cuerpo, palabra y mente y el de los demás, nuestra riqueza y virtud de los tres tiempos y una exquisita joya de Mandala con ofrecimientos de Samantabhadra. Ofrezco a los Gurus, Deidades tutelares y Tres Joyas. Por compasión, aceptadlos y concededme vuestras bendiciones.
Idam guru ratna mandalakam niryatami

Súplica para conseguir los tres grandes objetivos

Bendecidnos para que cesen todos los pensamientos erróneos, desde carecer de respeto hacia nuestros Maestros espirituales hasta aprehender como reales los dos tipos de entidad.

Bendecidnos para que podamos desarrollar todos los pensamientos correctos, empezando por la fe en nuestros Maestros espirituales.

Bendecidnos para que podamos eliminar todos los obstáculos internos y externos.

Súplica al Campo de Mérito

Ahora, mi precioso y bondadoso Maestro Raíz, siéntate por favor sobre el loto y la luna en mi coronilla, cuida de mí con tu gran benevolencia, y concédeme las realizaciones de tu cuerpo, palabra y mente.

(Imagina que una réplica de Sakyamuni Buda delante de ti viene a tu coronilla y, junto con él, recita las siguientes oraciones al Campo de Mérito):

Al Cabeza de los Sakyas, cuyo cuerpo es el producto de diez millones de virtudes excelentes, cuya palabra colma las esperanzas de los ilimitados seres y cuya mente ve todas las cosas exactamente como son, dirijo mi súplica.

Al Linaje de las Actividades Vastas. A Maitreya, Asanga y Vasubhandu. A Vimuktisena Paramasena y Vinitasena. Al glorioso Kirti y Haribhadra. A Kusali y Suvarnadvipa, dirijo mi súplica.

Al Linaje de la Visión Profunda, Manjugosha y Arya Nagaryuna, el Padre que destruyó los extremos de ser y no ser. A Chandrakirti, el Mayor Vidyakokila y los demás. A sus hijos espirituales, que fueron los que diseminaron el pensamiento subyacente de Buda, dirijo mi súplica.

A Atisha, sustentante de la instrucción suprema de la enseñanza y la práctica. A Je Dromtompa, patriarca de la enseñanza Kadampa, a los cuatro Yoguis, los tres Hermanos y los otros Maestros Kadampas, dirijo mi súplica.

Al padre Tsong Khapa, renovador espiritual en la Tierra de las Nieves y a su linaje de hijos espirituales, en particular a Gyaltsab Je, Maestro del razonamiento inferencial y a Kedrub Je, Maestro de las enseñanzas de Sutra y Tantra, dirijo mi súplica.

A todos los Maestros espirituales que movidos por su amor bondadoso nos iluminan con medios hábiles. Sus ojos permiten examinar las escrituras y abren la puerta de entrada para aquellos afortunados que viajan hacia la liberación. A todos ellos dirijo mi súplica.

Fundamento de toda excelencia

La fuente de toda mi excelencia es mi amable Lama, mi Señor; bendíceme en primer lugar para ver que entregarme a él de la forma adecuada. Es la verdadera raíz del camino, y concédeme pues poder seguirle y servirle con toda mi fuerza y reverencia.

Bendíceme, en primer lugar, para comprender que la vida excelente de ocio que he encontrado sólo esta vez; es siempre tan difícil de hallar y tan valiosa; concédeme desear, siempre desear poder extraer su esencia día y noche.

Mi cuerpo y la vida en él son tan fugaces como las burbujas en la espuma de una ola. Bendíceme en primer lugar para recordar que la muerte me destruirá pronto. Y ayúdame a despertar la convicción de que después de muerto todas las cosas que he hecho, lo blanco y lo negro y el resultado de tales cosas siempre me seguirán como mi sombra. Concédeme poder estar siempre muy atento para evitar el menor error. Y en vez de ello, llevar a cabo toda la bondad posible.

Bendíceme para comprender todo lo que es erróneo en las cosas aparentemente buenas de esta vida. Nunca me satisfacen del todo; no son de fiar. Son la puerta de mi dolor. Por ello, concédeme el deseo de esforzarme en buscar la felicidad de ser libre.

Concédeme que estos pensamientos puros me hagan estar atento y vigile lo que debería hacer. Concédeme dar mayor importancia a que los votos de la moralidad se conviertan en la esencia de mi práctica. Ellos son la raíz de la enseñanza de Buda.

He resbalado y me he caído en el mar de esta vida de sufrimiento; bendíceme para que comprenda que todos los seres conscientes, cada uno de ellos mi propia madre, han caído también aquí. Concédeme poder practicar el elevado Deseo de obtener la Iluminación, adoptando la responsabilidad de liberarlos a todos.

Bendíceme para que comprenda claramente que el Deseo en sí mismo no es suficiente, ya que si no estoy bien adiestrado en los tres tipos de moralidad no puedo convertirme en un Buda. Concédeme entonces la determinación intensa de dominar los votos de los Hijos de los Victoriosos.

Concédeme poder obtener rápidamente el sendero que une la quietud y la visión. Una tranquiliza mi mente de la distracción hacia objetos erróneos. La otra analiza el significado perfecto de la manera correcta.

Bendíceme para que pueda practicar bien el sendero común y me convierta en un recipiente apropiado, para que entre con perfecta facilidad en el Camino del Diamante, el más elevado de todos los senderos, la puerta más santa por la que entran los afortunados y los bondadosos.

Bendíceme para comprender con certeza total que, una vez haya entrado así, habré de mantener con pureza mis compromisos y votos pues son la causa par obtener los dos tipos de realización. Concédeme poder mantenerlos siempre aunque me cueste la vida.

Bendíceme para comprender con precisión los puntos cruciales de las dos etapas, la esencia de los senderos secretos. Concédeme poder practicar según el Ser Santo aconsejó. Esforzándome, sin nunca dejar de lado la más elevada práctica de Los Cuatro Tiempos.

Bendíceme y concédeme que tanto el Guía Espiritual que me muestra el buen sendero como mis verdaderos amigos en esta empresa, vivan largo tiempo y tengan vidas fructíferas. Bendíceme para que la lluvia de obstáculos, dentro o fuera de mí, capaz de pararme ahora cese y acabe para siempre.

Que a lo largo de mis vidas nunca me separe de mis Lamas perfectos. Que disfrute de la gloria del Dharma y genere de manera correcta y rápida las cualidades de cada nivel y sendero para alcanzar con perfección el lugar en el que me convierta en Guardián del Diamante.

Disolver el Campo de Mérito

(Imagina que todos los seres santos delante de ti, se disuelven en Sakyamuni Buda en tu coronilla. En este punto, visualizándolo encima de tu coronilla, empieza la meditación analítica o de emplazamiento de cualquiera de los temas que han aparecido a partir de la página 44. Una vez ésta terminada, recita el siguiente mantra tantas veces como puedas):

OM MUNI MUNI MAHAMUNIYE SOHA

(Mientras recitas el mantra, dirige tu atención a Sakyamuni Buda, e imagina que luz y néctar de su cuerpo luminoso entra en el tuyo, limpiando la energía negativa de tu interior y sembrando las semillas necesarias para tener éxito en la meditación que hayas efectuado.

Cuando dejes de recitar el mantra, imagina que Sakyamuni Buda desciende hasta tu corazón a través de tu coronilla. Se disuelve plenamente contigo, como agua vertida sobre agua. Permanece unos instantes en este estado de unión especial en el que te identificas con las cualidades trascendentales de la mente Iluminada.

Finalmente dedica los méritos acumulados, por llevar a cabo esta recitación y meditación, con las siguientes palabras):

Que por esta virtud pueda yo conseguir rápidamente el estado de Guru Buda y luego conducir allí a todos los seres sin excepción.

www.ingramcontent.com/pod-product-compliance
Lightning Source LLC
LaVergne TN
LVHW010632200726

843507LV00011B/1679